Et pourtant je me suis levée tôt...

Une immersion dans le quotidien des travailleurs précaires

Ce livre est publié sous la direction de Géraldine Faes.

26, rue Berthollet, 75005 Paris

Réalisation graphique : French Book Factory

ISBN : 978-2-7557-0260-6
N° 0260-1
Dépôt légal : décembre 2007

www.editionsdupanama.com

Elsa Fayner

Et pourtant je me suis levée tôt...

Une immersion dans le quotidien des travailleurs précaires

PANAMA

SOMMAIRE

INTRODUCTION

Dans la nuit de jeudi à vendredi, des manifestants ont lancé deux cocktails Molotov sur les forces de l'ordre dans le centre de Rennes. La semaine suivante, jeudi 24 mars 2006, les rassemblements mobilisent entre 220 000 et 450 000 jeunes. Certains se concluent par de violents affrontements, notamment à Paris où un manifestant est grièvement blessé à la tête. Quelques jours plus tard, un à trois millions de Français descendent dans la rue[1].

Le mouvement dure depuis sept semaines. Il s'oppose au projet de contrat première embauche, réservé aux moins de 26 ans, assorti d'une période d'essai de deux ans. Plus de 1 000 lycées sur 4 000 et la quasi-totalité des universités sont bloqués ou perturbés. Le pays vit au rythme des cortèges. Le 10 avril, le projet de CPE est retiré. Retour au point de départ ? Des étudiants poursuivent le mouvement, ils réclament d'autres garanties contre la précarité de l'emploi. À la question d'un sondage : « Si vous aviez l'opportunité de travailler dans la fonction publique, quelle serait votre attitude la plus probable ? », un quart des 15-25 ans interrogés répond : « J'y vais tout de suite » et la moitié : « Oui, pourquoi pas[2]. »

Le résultat est rapidement transformé en cri d'alarme : la nouvelle génération veut devenir fonctionnaire ! Quelques mois plus tard, Valérie Boyer, candidate UMP dans les Bouches-du-Rhône, résume les critiques : « À 20 ans, avoir pour seule ambition les RTT, c'est du gâchis ! » La fracture ne serait plus sociale. Elle serait devenue générationnelle. D'un côté, la jeunesse manque d'audace et ne décroche plus de contrats à durée indéterminée, désormais trop rigides, pendant que, de l'autre, les travailleurs plus âgés n'osent plus bouger, protégés par moult acquis sociaux. L'idée serait de donner plus de « fluidité », voire de flexibilité, au dispositif français, pour affronter une concurrence mondialisée et doper les embauches. Une chose est sûre : l'emploi va mal en France. Le taux de chômage atteint des sommets pour l'Europe des Quinze. Les jeunes piétinent sur le seuil du marché du travail. Les saisons défilent, et les contrats bon marché – à durée déterminée, d'intérim et d'apprentissage – sont toujours plus à la mode. À l'automne 2006, l'emploi se confirme comme première préoccupation des Français, devant la hausse des prix, la sécurité et les inégalités[3].

Les candidats à l'élection présidentielle s'emparent du sujet. Le futur président de la République dresse le cahier des charges de son entreprise de dépoussiérage : il entend « réhabiliter le travail ». « Notre pays est devenu celui qui travaille le moins en Europe. Nous ne pouvons pas continuer sur cette voie. Je veux rappeler que le travail est une condition de la liberté et de la dignité, qu'il est le moteur de la promotion sociale, de la croissance, que tout doit être fait pour donner du travail à ceux qui n'en ont pas, mais également qu'il n'est pas acceptable que certains refusent de travailler alors qu'ils le pourraient. Je veux réhabiliter le travail et, au-delà, le mérite, l'effort, le goût du risque[4]. » Autrement dit, l'organisation sociale actuelle « décourage de reprendre un emploi », « de travailler plus longtemps » et, pour les entreprises, d'embaucher et de faire travailler jeunes ou seniors. « [Le système] n'aide pas assez, et surtout pas assez efficacement ceux qui en auraient le plus besoin et qui veulent s'en sortir. » Pour « changer de politique », le candidat UMP entend – comme la candidate PS – sortir de l'« assistanat ».

La balle est renvoyée dans le camp des demandeurs d'emploi, et des travailleurs. Ceux qui travaillent 35 heures par semaine, ceux qui partent en préretraite, mais également ceux qui touchent le Smic. Le salaire minimum, « qui progresse fortement, sans lien avec les fondamentaux économiques », découragerait les entreprises de recruter. Il n'inciterait pas non plus à se retrousser les manches : le salaire étant déjà élevé, ses augmentations ne pourraient être qu'insignifiantes. Les entreprises, de leur côté, hésiteraient à rémunérer davantage, perdant les allégements de cotisations sociales au passage : mieux vaudrait différencier les exonérations selon la politique salariale des différentes branches[5]. Devant tant de rigidité, le nombre de salariés au Smic ne pourrait que décoller. Ils sont effectivement 2,3 millions aujourd'hui : un salarié sur six, deux fois plus qu'en 1994. La proportion d'actifs au salaire minimum en France est désormais la plus élevée d'Europe[6].

Le salaire minimum est-il trop confortable ? Suffit-il de travailler plus pour gagner plus ? Serait-ce le « goût du risque » qui ferait défaut aux travailleurs qui ne décollent pas du Smic ?

Concrètement, qui travaille au salaire minimum, dans quelles conditions, avec quelles perspectives ? Début 2007, je décide d'approfondir le sujet. Mais comment aborder une telle enquête ? Comment observer le fonctionnement de cette organisation sociale présentée comme décourageante ? Réaliser une série d'entretiens ? L'idéal serait de suivre les travailleurs dans leur quotidien sur leur lieu de recherche et de travail, à l'ANPE, dans les agences d'intérim, en entreprise. Demander des autorisations aux employeurs, pour accompagner des salariés ? À supposer que je les obtienne, ma présence risque de trop fausser la donne. Je décide donc d'entreprendre moi-même une recherche d'emploi, d'occuper différents postes, pour mener un reportage « en immersion ».

La démarche appelle certaines précisions. Il ne s'agit pas de faire du tourisme, de se prendre pour un travailleur précaire le temps du reportage, et de rentrer chez soi trois mois plus tard pour retrouver son confort. L'idée n'est pas de tenter de « se mettre dans la peau de » quelqu'un d'autre, d'essayer d'éprouver intérieurement ce que l'expérience provoque, pour en témoigner. Ce n'est tout simplement pas possible : je ne suis pas réellement dans cette situation-là. Et ce serait peu respectueux des personnes qui la vivent au quotidien, souvent durant de longues années, sans autre perspective. L'objectif est de mener un long reportage au cœur d'un quotidien que chacun pense connaître, en s'inspirant, jusqu'à un certain point, du livre de Barbara Ehrenreich, *L'Amérique pauvre*, pour lequel la journaliste américaine a elle-même exercé différents emplois, dans différents États[7].

Bien sûr, l'expérience est limitée. Trois mois, c'est court. Et les postes que je vais occuper ne constitueront pas un échantillon représentatif des métiers rémunérés au Smic en France. Je pars en effet sans idée préconçue, pour écumer les recruteurs. Être une femme de 30 ans oriente déjà la recherche. Partir en hiver, après les fêtes et les soldes, dans une grande ville détermine également les possibilités. Mais cela devrait me permettre de me faire une première impression, concrète.

Enfin, travestir une partie de son identité n'est pas évident. Souvent, il faut mentir. Aux employeurs, lors des entretiens d'embauche, pour avoir une chance d'être recrutée. Aux collègues, ensuite, dont certains se confient. En quittant chaque poste, j'effectue un *coming out* auprès des principaux protagonistes. La plupart d'entre eux ont relu par la suite les passages du livre les concernant. Les noms et prénoms de toutes les personnes ont par ailleurs été modifiés.

Pour les entreprises, la question s'est posée. L'une d'entre elles, trop facilement reconnaissable, ne pouvait être masquée. Il fallait alors appliquer le même traitement aux deux autres, sans placer en situation indélicate les salariés ayant critiqué l'employeur ou dénoncé certaines de ses pratiques. Les pistes ont donc été brouillées, pour les quelques passages en question.

En janvier 2007, j'embarque dans le TGV. Je décide de quitter Paris, où je vis, pour ne pas risquer de tomber nez à nez avec une connaissance. Je choisis une grande ville dans laquelle je dispose de quelques repères, où j'ai plaisir à retourner, et à proximité pour pouvoir revenir régulièrement. C'est ainsi que je débarque à Lille. Le choix du Nord n'est pas anodin. La région, longtemps industrielle, m'apparaît comme une référence pour observer les évolutions du monde du travail. Qui travaille aujourd'hui à l'usine ? Où exercent les enfants d'ouvriers ? Qu'est-ce qui a changé ?

À Lille, je trouve en quelques jours une chambre à louer dans un Foyer de jeunes travailleurs. Celui-ci accueille des étudiants entre 20 et 25 ans, et les adultes de 25 à 30 ans qui travaillent, pour les aider à « s'intégrer dans la vie économique, sociale, culturelle, civique[8] ». J'espère pouvoir rencontrer des travailleurs en début de carrière, pour discuter études, salaires, conditions de travail. De là, je démarre ma recherche d'emploi, pour un poste au Smic. Je révise mon CV et me lance à l'assaut des magasins et restaurants du centre de Lille. Suivront les petites annonces, les offres de l'ANPE et la tournée des agences d'intérim.

J'ai beau partir pour me laisser surprendre, je ne peux m'empêcher d'avoir quelques idées en tête. Caissière, vendeuse ou serveuse ? Les besoins doivent être nombreux dans ces domaines. La télévente ? C'est pour les étudiants. Femme de ménage ? Femme de chambre ? J'imagine trouver un poste dans une grande entreprise. Je compte aussi vivre et travailler dans Lille même, pour éviter trop de transports. Et je pense que mes collègues pourront faire de même. J'imagine que beaucoup d'entre eux, à temps partiel, cumuleront plusieurs emplois. Enfin, je m'attends à gagner 1 254,28 euros brut par mois[9]. Sur tous ces points, je serai vite détrompée.

Je trouve d'abord une « mission » d'intérim comme téléopératrice, qui inclut une courte formation. Au bout d'un mois, je démissionne : j'ai besoin de voir ailleurs comment cela se passe. Par le biais d'une annonce ANPE, je décroche un poste à temps partiel, et en CDD, pour vendre des hot-dogs à la cafétéria d'une grande surface. Le dernier mois, je passe à 39 heures, en CDI, comme employée d'étage dans un hôtel quatre étoiles.

Dans la journée, je prends des notes sur un calepin dès que je peux. Le soir, après avoir dîné à la cuisine du Foyer, durant une ou deux heures je retranscris sur l'ordinateur les phrases griffonnées, et j'ajoute ce que j'ai retenu de la journée. Souvent, il est tard, je suis fatiguée, je n'ai personne avec qui en parler, alors j'écris en mode automatique, tentant surtout de faire resurgir les moindres détails. Peu à peu se dégagent des lignes de partage entre les expériences, des comparaisons possibles, mais également des points communs. En discutant avec les résidents du Foyer, je constate que les entreprises qui ont recours quasi exclusivement aux contrats courts ne sont pas si rares, que les horaires et les conditions de travail s'avèrent particulièrement pénibles dans l'hôtellerie-restauration, que les méthodes de management observées dans la grande surface sont également en vogue dans d'autres enseignes. À mon retour, j'écume rapports publics, manuels professionnels, ouvrages de sociologie et d'économie. L'impression se confirme : les situations rencontrées ne sont pas uniques. Souvent, même, les méthodes de gestion du personnel et les différentes organisations du travail, fondées sur un degré plus ou moins élevé d'autonomie, sont codifiées. Les questions d'individualisation des rythmes, d'éclatement des emplois du temps, de dégradation des conditions de travail se posent également à l'échelle nationale. Tout en conservant leurs spécificités, les trois entreprises croisées présentent des symptômes qui relèvent d'une tendance plus générale.

Après avoir laissé quelques mois le dossier de côté, je m'y replonge pour la rédaction. Le nouveau gouvernement annonce ses premières mesures de politique sociale. Le décalage entre les propositions avancées et ce que j'ai pu voir, même rapidement et partiellement, me saute alors aux yeux.

1 Sources : AP et AFP.

2 www.ipsos.fr/CanalIpsos/articles/1801.asp.

3 « Le baromètre politique français », 2e vague, automne 2006, CEVIPOF.

4 « Mon projet », publié en mars 2007, reprenant les thèmes des discours du 28 novembre 2004 et du 22 juin 2006.

5 Discours du18 septembre 2007, entretiens pour *Le Parisien* du 21 février 2007 et pour *L'Express* du 29 mars 2007.

6 Avec le Luxembourg. *Cf.* Yannick L'Horty, « Des hausses du Smic en trompe-l'œil entre 1999 et 2006 », Centre d'études

de l'emploi, Noisy-le-Grand, *Connaissance de l'emploi*, juin 2007, n° 43.

7 Barbara Ehrenreich, *L'Amérique pauvre*, 10/18, Paris 2005.

8 Charte de l'Union nationale pour l'habitat des jeunes (UNHAJ).

9 Le Smic a été revalorisé au 1er juillet 2007, à 1 280,09 euros par mois pour 35 heures par semaine.

CHAPITRE 1

CAISSIÈRE ? DANS TES RÊVES !

« Il ne sera plus possible de refuser
plus de deux emplois sans justification »
Nicolas Sarkozy, candidat UMP, 2007

Mathieu Grandville m'invite à entrer dans son petit bureau, meublé d'une table ronde et de trois chaises identiques. Je me dirige vers la plus proche.

– Ah, non, là, c'est ma place ! s'exclame-t-il. Et ça risque de ne pas me faire plaisir si vous la prenez.

– Oh, excusez-moi...

Je glousse, gênée, avant d'agripper un autre siège. Me voici coincée entre la table et le mur en contreplaqué. Nadia, chef d'équipe, s'installe à ma droite. Elle se présente par son prénom. M. Grandville, responsable de pôle, me fait face. Il paraît rassurant, sans façon dans son pull en laine sans manches.

– Safig existe depuis trente ans et compte aujourd'hui

plus de 1 500 collaborateurs, sur une dizaine de pôles en France. Safig propose aux entreprises d'externaliser leurs relations clients, à travers quatre *business units*. La première BU...

Mon potentiel employeur prend son temps. Derrière lui, par la fenêtre, les voitures défilent sur une rocade suspendue, rythmant son discours. L'immeuble de bureau borde une voie rapide, en périphérie de la ville. Deux étages sont occupés par l'entreprise qui me fait passer mon premier entretien d'embauche, pour une mission d'intérim de six semaines. Ici, on vend par téléphone. Sur le plateau, les rires et les éclats de voix fusent.

– ... Nous voulons donc développer dans les mois qui viennent notre activité de télévente, et pas seulement pour Télé2, c'est pourquoi nous cherchons à recruter de futurs CDI. Et c'est la raison pour laquelle nous vous avons fait venir. Pour mieux vous connaître ! Alors, parlez-nous un peu de vous ! Pourquoi avoir choisi ce métier ?

– J'ai déjà fait un peu de télémarketing, ça m'a beaucoup plu. J'adore le commerce. J'ai travaillé en boutique, mais je préfère encore la relation par téléphone. C'est toujours l'occasion de discuter avec les gens, d'échanger pour mieux connaître leurs besoins. Je suis très très motivée...

Je tente mon sourire le plus commercial.

– De toute façon, notre stratégie, c'est de former des gens qui n'ont pas une grande expérience dans le domaine, plutôt que de recruter des « spécialistes » qui vont de boîte en boîte. Et qui ne sont pas forcément meilleurs d'ailleurs. Pour tout vous dire, il y a pénurie de main-d'œuvre par ici. La plupart des VPCistes[10] sont basés dans la région. Ils attirent beaucoup de monde. Nous, nous cherchons à recruter des personnes motivées pour d'éventuels futurs CDI. Vous, par exemple, vous avez postulé pour d'autres postes ? Pourquoi celui-ci vous intéresse-t-il particulièrement ?

– Je me suis inscrite ce matin chez Adecco, et ils m'ont immédiatement proposé cette offre. Ce serait parfait parce que la mission inclut une formation et s'adresse aux quasi-débutants comme moi. C'est rare, dans les autres agences on me demande systématiquement d'avoir plus d'expérience. Là, ça tombe très bien, j'ai envie de me lancer dans ce domaine. J'ai bientôt 30 ans, je veux me poser et envisager une carrière dans une entreprise qui me donne des possibilités d'évolution. Je me suis lassée de travailler à droite et à gauche.

– Et tu penses que tu pourrais te lasser de ton poste ici ?

Nadia, dans son treillis de ville, cheveux tirés et talons hauts, s'engouffre dans la première faille, brusquement familière.

– Je ne pourrais pas vendre des forfaits téléphoniques pendant cinq ou dix ans, mais je veux évoluer dans le métier, apprendre, progresser.

– Dans ta lettre de motivation, tu dis que tu veux être « téléconseillère ». Mais tu sais que, nous, nous embauchons des « télévendeurs », pas des « téléconseillers »... Nous faisons de la vente. Tu vois la différence ? Les 118, par exemple, font du conseil, du renseignement. D'ailleurs, ce n'est pas très intéressant...

M. Grandville sourit, l'air entendu, à l'évocation des « 118 » et enchaîne :

– Nous travaillons de 10 h 30 à 20 heures tous les jours de la semaine, et parfois le samedi, avec un jour de récupération dans ce cas. C'est une très bonne journée, le samedi. Les gens sont plus détendus, ils ont plus de temps. Si seulement tous les jours pouvaient être des samedis... Bon, quand votre mission d'intérim arrive à son terme, vous pouvez être prolongée, en intérim toujours, ou engagée en CDD, d'une semaine, de quinze jours, voire d'un mois. Et ça peut mener au CDI.

– Ça arrive souvent ? Je veux dire : sur ce plateau, par exemple, il y a beaucoup de salariés en CDI ?

– Non. Quelques contrats de professionnalisation. Mais, dans l'ensemble, beaucoup de gens qui attendent que ça se passe. Des gens pas très motivés.

– Oui, on peut dire qu'ils sont solidaires ceux-là, râle Nadia.

– Dans la médiocrité, tu veux dire ?

M. Grandville semble agacé :

– Nous faisons deux très mauvaises journées, nous sommes un peu énervés. Je t'explique le système : Safig est un sous-traitant, les clients nous paient si on fait des ventes. Alors, nous ne voulons pas d'employés qui se contentent de deux ventes par jour. Il faut être réactif, aller voir le superviseur quand ça ne va pas, savoir se remettre en question tous les jours. Nous sommes une cinquantaine, mais nous voulons employer plus d'une centaine de personnes d'ici la fin de l'année, il y aura moins de superviseurs, il faudra savoir se débrouiller.

C'est aussi un travail d'équipe. Quand on peut faire plus de sept ventes par jour, on le fait, pendant que son camarade galère... Nous, de notre côté, on fait tout pour vous motiver. On organise des animations. Tu vas rater celle de la chandeleur, mais il y en aura d'autres. On donne des noms aux différentes équipes, on se lance des *challenges*, avec des billets de cinéma ou des jeux à gagner. Le mois dernier, on a fait gagner un appareil photo. C'est motivant. On se lance aussi des *challenges* avec la plate-forme de Melun, qui vend le même produit. Et puis, bien sûr, tu es payée au Smic horaire, mais tu touches des primes sur chaque vente que tu réalises : 1 ou 3 euros, selon le forfait vendu.

– Nets ?

– Bruts.

Nadia prend le relais, sur le ton de l'aveu :

– Nous aussi nous avons été télévendeurs, et nous avons la passion de ce métier. Il est d'ailleurs possible qu'on te fasse vendre différents produits, des crédits à la consommation par exemple. Simplement, on constate une baisse d'efficacité quand on passe d'un produit à un autre. Et beaucoup ici voient l'attribution de Télé2 comme une punition, alors que ce n'est pas du tout le cas.

Je sors. L'entretien a duré près de trois quarts d'heure. J'imagine que c'est un bon point. En revanche, je n'en sais pas beaucoup plus sur le métier de télévendeuse. Une heure plus tard, le téléphone sonne. Je suis sur le chemin du retour, aux abords du Vieux Lille.

– Elsa, c'est Christine d'Adecco. Tu es motivée pour ce travail ?

– Oui, très.
– Comment s'est passé l'entretien ?
– Je crois que ça s'est bien passé.
– Tu es sûre ?
– Oui, oui.
– Eh bien, tu es retenue Elsa !
– Super !
– Tu es contente ?
– Très ! Mille mercis.

J'ai l'impression qu'il faudrait que j'ajoute quelque chose, mais quoi ? Je commence lundi prochain.

Cela faisait six jours que je cherchais un emploi. À mon arrivée à Lille, je trouve rapidement une chambre à louer dans un Foyer de jeunes travailleurs proche du centre-ville. Une massive église en brique a été reconvertie en cafétéria, salle de sport, accès informatique et espace de réunion. Tout autour, des bâtiments plus récents hébergent temporairement les étudiants et les jeunes qui travaillent. Après l'« entretien d'accueil », le responsable du service Logement me propose une chambre dans une maison indépendante, confortable, fonctionnelle, et avec salle de bains. Pour 384 euros par mois. Toutes les chambres ne sont pas au même prix, et la plupart des « résidents » touchent des APL (Aides personnalisées au logement). Le soir, jusqu'à 22 heures, il est possible de cuisiner à la cafétéria – la cuisine vient d'être refaite à neuf – et d'acheter des boissons sans alcool.

Une fois les locaux visités, les 12 m^2 arpentés, la valise vidée, il me faut bien débuter ma recherche d'emploi. J'enfile un collant sous mon jean, ma doudoune – il fait - 4 °C en cette fin janvier – et me voilà déambulant dans les rues pavées de Lille. Par où commencer ? Où regarder ? Une seule certitude : il me faut un emploi rémunéré au salaire minimum. J'ai consulté avant de partir une grille des salaires[11]. Au voisinage du Smic se situent les salaires médians à temps plein des agriculteurs, éleveurs, bûcherons, viticulteurs et artisans. Dans le BTP (Bâtiment et travaux publics), l'industrie et la logistique, ce sont les ouvriers dits « non qualifiés » qui sont payés autour du salaire minimum[12]. Du côté des services, les employés de l'informatique, de l'hôtellerie-restauration, les vendeurs, caissiers, cuisiniers, coiffeurs, esthéticiens, aides à domicile, aides ménagères, employés de maison, assistantes maternelles, et les agents de gardiennage, de sécurité ou d'entretien sont concernés. Bûcheronne ou coiffeuse, ce sera difficile. Mais vendeuse, serveuse, ou agent d'entretien, pourquoi pas ?

Je revisite mon CV, en supprimant le parcours de journaliste, pour garder le bac, la licence en sciences humaines, allonger mes expériences passées de vendeuse et de serveuse, et les rapprocher dans le temps. Il ne me reste plus qu'à suivre la foule, qui avance d'un pas rapide vers le centre commercial d'Euralille. La galerie est chauffée. Je scrute les vitrines, à la recherche d'affichettes signalant qu'une boutique recrute. En vain. Les allées mènent toutes, immanquablement, à un havre blanc et aéré, dont l'enseigne scintillante fait de l'œil aux passants. C'est l'hypermarché. Je retire à l'accueil un dossier de candidature, de trois pages, à retourner avec

CV et lettre de motivation. J'interroge l'employée, pour comprendre ce qui me donnerait l'avantage :

– Qu'est-ce qui fait la différence entre les dossiers pour un poste de caissière ? Les expériences dans le même domaine ?

– Pas forcément. Ici, la moyenne, c'est bac + 3 ou 4. Mais nous donnons une chance à tout le monde. Sachez cependant que nous recevons 150 CV par jour, nous ne pouvons répondre à chacun.

– Bien sûr.

L'atterrissage est rude. D'autant plus que les magasins de la chaîne ne se communiquent pas les candidatures. Et ailleurs, dans l'une des 136 boutiques du centre commercial ? Il doit bien y avoir un poste de vendeuse à pourvoir quand même. J'avise une jeune femme, dans la petite cabane qui sert de guichet de renseignement pour les quatre étages. Poliment, elle m'informe que la plupart des magasins ont recruté avant les soldes, que la période est maintenant creuse, qu'il vaut mieux attendre quelques mois.

À la sortie d'Euralille, j'attaque les restaurants et les grands magasins. Vous embauchez ? À L'Hippopotamus, on ne recrute pas. Au Printemps, on me promet de répondre par courrier sous quatre semaines. À la Fnac, c'est sous trois semaines. Chez Monoprix, c'est niet, ils n'ont besoin de personne à la caisse, surtout sans expérience. Chez Match, on transmettra la demande. Chez JouéClub, on verra pour les vacances. De Pâques ? Non, de cet été. La première journée se termine, me voilà déjà moins optimiste pour le reportage. Un premier constat s'impose : il faut quitter le centre-ville. Les jours suivants, j'entame la tournée des centres commerciaux de l'agglomération, à portée de métro. Auchan, Leroy Merlin, Pickwick, Salon Center, Norauto... Les enseignes, les réponses, les journées se mettent à se ressembler.

Le soir, je feuillette la presse gratuite et la presse régionale, rubrique « Petites Annonces ». Mais un diplôme spécifique est souvent requis. « De formation BTS/DUT ou ingénieur TP », « De formation technique Bac STI, DUT, expérience DAO appréciée », « BTS action commerciale », « diplômé hôtellerie/restauration ». Des expériences antérieures sont également exigées. « Quelle que soit votre formation, ce sont vos talents de commercial, votre puissance de travail, votre bonne culture générale et votre expérience réussie qui font de vous l'élément indispensable que nous souhaitons intégrer à notre équipe d'experts », « expérience similaire souhaitée », « nous recherchons une compétence technique indiscutable en matière de soudure », « expériences techniques et commerciales nécessaires », « premier vendeur dans magasin de vêtements homme : 3 ans d'expérience demandés ». La tête me tourne. Même pour les emplois tertiaires non techniques, mieux vaut connaître le secteur : « Secrétaire : l'introduction au milieu professionnel du bâtiment serait un plus ». Enfin, bien souvent, formation et expérience doivent se cumuler. « Bac + 2 minimum, première expérience réussie », « de formation Bac + 2 BTS FEE ou ETE, avec 5 ans d'expérience exigés dans l'exploitation et la maintenance des utilités », « de formation bac professionnel, possédant une expérience dans le domaine de la réparation poids lourd », « de niveau bac à bac + 2, vous disposez d'une expérience significative dans le domaine de l'informatique. La maîtrise de l'AS 400 est également exigée », « bac + 2/3 Assistant de direction + 1re expérience »...

Les offres ouvertes aux débutants sont rares et peu attrayantes. Après avoir écarté les annonces d'« hôtesse » de bar en Belgique (« possibilité logement », « bons gains », « ambiance sympa »), il reste le plus souvent celles de serveur, vendeur (« Profil : courageux, motivé, persévérant », « bonne présentation ») et démarcheur à domicile (« Fin de mois difficile ? 300 euros/sem. ou 3 000 euros/mois ou rien ou plus. Pourquoi pas vous ? » « En toute indépendance, vous présentez nos produits à une clientèle de particuliers. Pour seniors expérimentés ou débutants motivés »). Je me rends directement dans quelques restaurants qui recrutent. Mais, à chaque fois, un candidat sorti d'une école hôtelière m'a devancée.

Lundi, je termine le cinquième jour de recherches. En sortant d'une entreprise de nettoyage de bureaux – « On vous rappellera » – je tombe à Fives sur une agence ANPE, spacieuse, lumineuse et calme. J'ai déjà effectué une tentative ailleurs, mais l'agence était fermée le vendredi après-midi. Ici, deux conseillères renseignent les visiteurs. Au fond, à droite, cinq ordinateurs sont connectés à Internet, avec accès gratuit au site de l'Agence. L'ambiance est studieuse. Tous les postes sont occupés. Seul l'ordinateur destiné à rédiger son CV est disponible. Il suffit d'entrer les données demandées (état civil, expériences, formations, autres), ce que je fais. Puis de lancer l'impression. Une page sort, blanche : il n'y a plus d'encre. Tant pis.

Un poste Internet s'est libéré, je fonce. Je me promène d'abord sur le site de l'ANPE – clair et pratique – pour regarder les offres. L'annonce classique s'adresse à un « serveur polyvalent de restauration rapide » : « Vous faites la préparation des légumes, le service client et l'encaissement. CDD de six mois renouvelable, 20 heures/sem. Expérience exigée de 6 mois, CAP restauration souhaité. » Sa version plus intensive précise : « Dans un centre commercial, vous tenez la caisse, nettoyez la salle, préparez sandwichs et pâtes, vous travaillez 7 heures/jour d'affilée (30 minutes de pause non rémunérée), entre 6 h 45 et 20 heures, du lundi au samedi. Dynamique, vous alliez contact facile et esprit sportif. Expérience de 6 mois en restauration souhaitée. Véhicule personnel exigé. CDI de 30 heures hebdo aménageables de 20 à 35 heures/semaine. » L'option allégée, quant à elle, laisse peu de marge de manœuvre : « Vous travaillez dans un laboratoire d'analyse médicale et avez pour mission le nettoyage classique des sols, des vitres et des bureaux. Vous travaillez du lundi au vendredi de 7 h 30 à 9 heures, et de 18 h 30 à 21 heures + une heure le samedi. Expérience exigée de 1 à 2 ans sur le même poste. CDI de 20 heures/sem. » Là encore, les offres de contrats VRP, rémunérés au pourcentage, affluent.

Je crée mon « espace », m'inscris à l'alerte e-mail, avec trois axes de recherche (serveuse, agent d'entretien, caissière). J'imprime également les annonces qui m'intéressent. Parmi les offres de serveuse et de « nettoyeur/se de locaux et de surfaces » parues depuis une semaine dans le Nord, près de la moitié concernent des CDI – dont beaucoup à temps partiel –, le reste se partage entre contrats temporaires et postes en alternance. Parmi les dix offres de caissière, en revanche, je ne vois pas un CDI[13]. Je réponds à quelques annonces par e-mail, avec CV et lettre de motivation en pièces jointes. Parfois, c'est le seul moyen proposé : aucun numéro de téléphone ni adresse postale ne sont indiqués. Je m'inscris également sur une demi-douzaine de sites de recherche d'emploi. Là encore, je consulte les annonces disponibles, j'envoie ma candidature. Les annonces sont nombreuses, mais toujours aussi peu engageantes : CDD, temps partiel, horaires éclatés, voire de nuit, longues distances à parcourir, véhicule exigé, critères dissuasifs (« contrats réservés aux étudiants », « vous habitez Valenciennes »). La rémunération, en revanche, réserve peu de surprises : 8,27 euros par heure, systématiquement.

Les jours suivants, je ne reçois toujours pas de réponse. Je m'inquiète. Où faut-il s'adresser ? Est-ce que je cherche aux bons endroits ? Qui pourrait me renseigner ? D'après les résultats de l'enquête « Emploi 2004[14] », l'envoi d'une candidature spontanée est le premier mode d'accès à l'emploi des salariés. Le réseau de relations, qu'elles soient professionnelles, amicales ou familiales, est également un canal fréquent d'accès à l'emploi. Ces deux filières sont à l'origine de 60 % des recrutements chaque année depuis 1995. Trouver un emploi en réactivant une ancienne relation de travail est également relativement fréquent. Viennent ensuite le recours à une agence ANPE (ou APEC, ou cabinet de recrutement) et les réponses aux petites annonces. Je suis donc théoriquement sur la bonne voie. Simplement, je n'y suis pas toute seule : en France, en moyenne, sur l'année 2005, 2,7 millions de personnes sont au chômage au sens du BIT, soit 9,8 % de la population active, selon l'Insee.

Mardi, j'erre dans Lille à la recherche d'un cybercafé, pour imprimer une énième version de mon CV. Au carrefour du boulevard de la Liberté et de la rue Nationale, je découvre une mine d'or : quatre agences d'intérim. La première est fermée. Dans la suivante, à côté de la porte, un écriteau se veut rassurant : « Aujourd'hui : 7 jours sans accidents de travail. Record : 54 jours sans accidents de travail. » C'est le quartier des agences « Industrie ». L'employé, un trentenaire cravaté, m'explique qu'ici, en l'absence de qualifications spécifiques, on recrute surtout des manutentionnaires. Je me propose, sans trop de conviction étant donné mon petit gabarit. Mon interlocuteur sourit gentiment. En revanche, pour les femmes, des postes de « préparatrice de commandes » peuvent se libérer. Au sein d'un service logistique, dans un entrepôt, les préparatrices emballent, comptent et étiquettent les produits correspondant aux commandes afin de préparer le chargement du camion. L'agence suivante me propose de passer un test pour ce genre de « missions ». On m'installe dans un coin, avec quatre pages d'exercices, alternant additions, divisions, cartons dessinés à compter et fautes d'orthographe à corriger. Je rends ma copie. L'employée n'y jette pas un œil, mais indique « 0 faute » dans le dossier. Avant de me faire signer trois documents : l'un pour faire une demande d'extrait de casier judiciaire, l'autre pour attester que je n'ai jamais été condamnée pour vol – ces papiers sont nécessaires quand on travaille en contact avec des marchandises, me précise-t-on – et le dernier pour accepter « Les engagements de l'intérimaire ». Est-ce que je possède des chaussures renforcées de sécurité ? Non, mais je peux en acheter. Et un véhicule ? Non plus. L'employée me prévient que ce genre d'activités s'effectue hors de la métropole et qu'un véhicule est nécessaire. Je ne recevrai aucune offre de sa part.

Les agences « Tertiaire », elles, se trouvent près d'Euralille. Randstad, Manpower, Kelly Services, Vediorbis, Adia, etc. Ici, c'est pour les filles, même sans auto. J'entame la tournée. Dans la première agence visitée, on me donne un « Dossier confidentiel de candidature » à remplir au « Comptoir de l'emploi », dans un coin de la vitrine. Pendant ce temps, l'employée propose à une jeune femme une mission de téléassistance, pour gérer des réclamations. Mais celle-ci préfère rester dans son domaine, la comptabilité. Avec la candidate suivante, la « conseillère en recrutement » change de technique. Elle l'écoute d'abord résumer son parcours.

– On voit que vous êtes très mûre pour 23 ans, vous avez de l'assurance, vous êtes à l'aise, vous parlez bien.

La jeune fille sourit.

– Dans quel domaine voudriez-vous travailler ?

– La finance, ça me plaît bien, répond la jeune fille.

– Eh bien, j'aurais sans doute un poste pour vous chez Finaref, comme télévendeuse, ça pourrait vous intéresser ?

La jeune fille ne sait pas vraiment de quoi il s'agit (la télévente – même chez Finaref, entreprise de crédits – a finalement peu à voir avec la finance), mais elle est ravie.

– Quelles sont vos prétentions financières ? enchaîne l'employée.

– Aucune.

Le candidat d'après, le seul homme ici présent, demande 700 euros par mois. L'employée note, les visiteurs défilent, passant d'une agence à l'autre. Côté expériences professionnelles, ils énumèrent des stages, des contrats courts, des premiers emplois. Pendant que je remplis péniblement le formulaire : numéro de Sécurité sociale, état civil, nombre de personnes à charge, langues pratiquées, connaissances informatiques, loisirs, date de la dernière visite médicale, expériences professionnelles et stages, rythme de travail accepté (dont équipes 2 x 8, 3 x 8, 5 x 8), aire géographique dans laquelle je suis prête à me déplacer, si je suis inscrite à l'ANPE, si j'ai un handicap, les environnements que je connais et dans lesquels je souhaiterais à nouveau travailler (« odeur », « vapeurs », etc.), sans oublier un test incompréhensible, sans doute destiné à vérifier si le candidat est prêt à se dévouer à son travail (parmi les questions, il est par exemple demandé de chiffrer en minutes ce qui correspond, d'après le candidat, à un « retard au travail »).

Puis, Élise, dans son pull rose à poil soyeux, me fait asseoir, pour me poser d'une voix douce quelques questions sur mon CV : pourquoi je ne veux pas revenir à ce que j'ai appris durant mes études (comme à chaque entretien, je réponds qu'une licence de philosophie, ça ne mène à rien, ce qui met généralement tout le monde d'accord), si je suis bilingue, la durée de chaque emploi précédent, mes prétentions salariales, si je suis prête à travailler même un seul jour au début. Le téléphone sonne. Élise répond :

– Il est parfait en savoir-être et je le recommande en savoir-faire, vraiment, c'est un bon petit gars !

Puis elle revient vers moi. Elle est embêtée, elle voit que je suis passée par le commerce et la restauration, mais il n'y a aucune « mission » dans ces domaines en ce moment. Ce serait bien d'avoir exercé en téléassistance, parce que, si j'en avais fait au moins six mois, là, on pourrait peut-être trouver quelque chose. Me revient alors en mémoire un stage, dans une agence de presse spécialisée, durant lequel j'avais répondu au téléphone sur un plateau de télévente, pour donner des horaires de films et vendre des tickets de cinéma. J'allonge pour Élise la durée de l'expérience, et nous voilà toutes les deux satisfaites. Même si j'ai un profil « léger » (la conseillère mime les guillemets), « comme on dit en agence » : je manque d'expérience, on aura peu de chose à me proposer, et sans doute dans la VPC (vente par correspondance), un travail assez répétitif. Car si le télémarketing pour les banques et les compagnies d'assurance offre des possibilités plus variées, Élise ne me cache pas que les candidats sont nombreux à avoir suivi des études dans le domaine.

La conseillère corrige mon CV au crayon à papier, m'indique comment lister et expliciter toutes les situations que j'ai dû gérer durant ma précédente expérience de téléopératrice (« appels entrants », « renseignements », « gestion de réclamation », « vente tickets cinéma », etc.). Elle me conseille de rédiger un CV différent pour chaque type de poste recherché, et me renvoie chez moi le faire.

Enfin le ciel commence à s'éclaircir. Je reviens les jours suivants dans cette rue bénie des agences « Tertiaires ». Certaines sont même spécialisées dans la téléassistance. Je remplis un dossier d'inscription dans chacune d'entre elles. Dans les bureaux d'Adecco, le téléphone ne cesse de sonner. Les intérimaires se succèdent. Les conseillères les interpellent par leur prénom.

– Mélanie, que veux-tu ?

Mélanie a perdu ses bulletins de salaire. La conseillère s'énerve. La jeune fille est inquiète, elle en a besoin, et « une secrétaire » de l'agence lui a dit vendredi qu'elle allait lui en faire une copie, mais elle ne voit rien venir.

– Il n'y a pas de secrétaire ici ! Nous ne sommes pas secrétaires !

La jeune fille est confuse, elle s'excuse, mais il lui faut vraiment ces papiers. La conseillère lui promet de le faire pour le lendemain.

– Tu peux venir ! me lance-t-elle ensuite.

Christine, élégante dans sa jupe noire et ses bottes en cuir, ne lit même pas mon dossier, elle regarde mon

CV et me demande si elle peut l'envoyer immédiatement pour une campagne Télé2 qui débute très prochainement chez l'un de leurs clients. Celui-ci peine à recruter. Il ne s'agit pas d'un contrat d'intérim classique, mais d'un CIPI, un contrat d'insertion professionnelle intérimaire, destiné à aider les personnes sans emploi à s'insérer dans un métier ou à reprendre contact avec le milieu professionnel. Le CIPI se déroule en trois temps : une formation théorique, d'abord, puis une formation pratique dans l'entreprise de deux semaines durant lesquelles je travaillerai comme les autres salariés, avant de pouvoir intégrer une mission d'intérim traditionnelle au même poste. Christine est elle-même passée par cette entreprise, c'est une très bonne école. L'expérience peut déboucher sur un CDI. J'accepte. Le lendemain, je rencontre Nadia et M. Grandville.

10 Entreprises de vente par correspondance.

11 *Alternatives économiques*, Hors Série « L'emploi », chiffres issus de l'enquête « Emploi 2005 ».

12 Les ouvriers représentent encore 24 % de la population active en 2005, soit toujours, et de loin, la première catégorie pour les hommes (près de 40 % sont dans ce cas), d'après l'enquête « Emploi 2005 ». Certains travaillent dans le tertiaire (ouvriers du tri ou du nettoyage, manutentionnaires, magasiniers, chauffeurs, etc.). Ils y sont d'autant plus nombreux que les intérimaires – très majoritairement ouvriers de l'industrie et du bâtiment – sont, par convention, classés dans le tertiaire.

13 Les contrats à durée déterminée forment presque la moitié des embauches effectuées *via* l'ANPE (l'APEC, une mission locale...), alors qu'ils représentent 36 % du total des recrutements en 2004 (« Les filières d'embauche », CEE, octobre 2006).

14 Analysés par Emmanuelle Marchal et Géraldine Rieucau, dans le rapport de recherche du Centre d'études de l'emploi, « Les filières d'embauche », octobre 2006.

CHAPITRE 2

LA MEILLEURE ÉQUIPE GAGNE UN POT DE CONFITURE

« La vie, la santé, l'amour sont précaires. Pourquoi le travail échapperait-il à cette loi ? »
Laurence Parisot, présidente du Medef, 2005

– Bonjour, Nathalie Martin de Télé2, je souhaite parler à M. ou Mme Braquais.

– …

– Mme Braquais, vous êtes bien la personne en charge des factures de téléphone à la maison ?

– …

– Je vous rassure, ça ne prend que quelques instants. Vous êtes chez quel opérateur, madame ?

– …

– Et vous téléphonez plutôt dans votre département, en national ou à l'étranger ? Combien de temps au total ?

– …

– Chez Télé2, nous avons justement une offre qui correspond parfaitement à votre consommation, madame Braquais. C'est le Forfait Local 3 H, qui vous permet d'appeler toute la semaine en illimité partout dans votre département, pour seulement 4,90 euros par mois. Je vous en fais bénéficier dès à présent ?

– ...

– Je comprends, madame. Justement, vous restez fidèle à l'opérateur historique puisque vous continuez à lui payer la ligne. Simplement, dès que vous décrochez votre combiné, c'est Télé2 qui achemine vos appels, et vous réalisez automatiquement des économies, sans rien changer à vos habitudes. Télé2 s'occupe de tout. Alors, je vous fais bénéficier du Forfait Local 3 H dès maintenant ?

– ...

– Je comprends, madame. Simplement, avec Télé2, vous payez seulement 4,90 euros, et non plus 6 euros comme c'est le cas actuellement. Vous économisez 1,10 euros par mois, ce qui constitue une somme non négligeable sur une année, madame. En plus, vous pouvez appeler en illimité tous les jours de la semaine, c'est-à-dire de 00 h 01 à minuit moins une... Vous voyez la différence avec votre forfait actuel ? Je vous fais bénéficier de l'offre, madame Braquais ?

– ...

– Je comprends, simplement votre mari est d'accord pour faire des économies, madame ?

– ...

– Une documentation, madame, reste impersonnelle. Si je vous appelle, aujourd'hui, c'est pour vous proposer une offre personnalisée, adaptée à votre consommation. Alors, je vous fais bénéficier du Forfait Local 3 H dès maintenant ?

– ...

– Nous allons maintenant procéder à l'enregistrement vocal de votre accord. Confirmez-vous, madame Braquais, votre souhait de souscrire au Forfait Local 3 H ?

– ...

– Je m'excuse, madame, pouvez-vous répéter votre « oui », je l'ai mal entendu ?

Je pensais commencer avec un emploi facile : parler, conseiller, rester assise derrière un bureau, au chaud, sans effort physique... Près de 200 000 personnes travaillent en France dans près de 4 000 centres d'appels téléphoniques. Majoritairement des jeunes, des femmes, diplômés d'un bac + 2 ou plus[15]. Je devais m'y retrouver. J'ai vite déchanté.

La mission débute pourtant bien. Avec Nina, Najet, Raïssa, Djamila, Delphine, Alain et Sonia, nous formons le groupe des « stagiaires ». Alain, seul homme de l'équipe, vient d'arrêter une licence de gestion après un DUT et un trimestre de cours. Il n'a jamais essayé le télémarketing, et arrive curieux. À 21 ans, ce grand garçon mince, souriant et nerveux, toujours en mouvement, vit chez ses parents, mais il a envie de travailler. Il rêve du grand amour, et de s'installer dans le Sud, où, paraît-il, on trouve plus facilement du travail. Djamila est ultra-motivée, elle veut sans cesse s'entraîner et progresser. Elle est ravie de pouvoir sortir de chez elle, où son ami la surveille un peu trop à son goût, lui interdisant toute activité, et toute tenue qui ne camouflerait pas ses formes. Raïssa, elle, porte un jean moulant. Titulaire d'un BTS action vente, elle s'est inscrite à la fac l'année dernière en histoire, mais n'y a pas souvent mis les pieds. Elle travaillait, en parallèle, dans l'animation, un poste qu'elle avait trouvé par l'ANPE. Elle a adoré. Les enfants lui manquent. La structure ne recrute malheureusement qu'à mi-temps en ce moment. Et si elle vit chez ses parents, la jeune fille participe aux frais et doit travailler.

Sonia, 23 ans, s'était juré de ne jamais revenir au télémarketing. La dernière fois, elle terminait ses journées en pleurs. Mais elle pointe aux Assedic depuis trop longtemps. Elle ne sait plus s'il vaut mieux posséder un diplôme ou de l'expérience. Pour les employeurs, il en fait toujours plus. C'est la première fois qu'Adecco la rappelle depuis qu'elle s'est inscrite, voilà quelques mois. Elle estime que ce CIPI est une aubaine. Nina n'est pas non plus une fan des téléservices. À l'issue d'une première mission d'intérim il y a cinq ans, après un bac littéraire obtenu en Algérie, elle décroche déjà un CDI de 25 heures par semaine dans le secteur.

– Les commandes, ça allait. Mais pour les réclamations, je me faisais insulter de tous les côtés. Je n'en pouvais plus.

Les trois heures de transports quotidiens – train puis vélo sur la voie rapide – finissent également par peser. Elle démissionne, et se met à chercher un « travail physique » :

– La fatigue physique vaut mieux que la fatigue

morale, justifie la petite femme de 23 ans. Même épuisée physiquement, je peux me motiver, aller au-delà de ma fatigue. Mais fatiguée moralement, je ne peux plus rien faire.

Elle enchaîne deux missions d'intérim, comme manutentionnaire. Il lui faut d'abord laver des meubles frigorifiques, enlever les autocollants, gratter, en un minimum de temps. Mais elle ne va pas assez vite. Pour la deuxième mission, il faut placer des CD dans des cartons. Elle aime bien, mais la mission se termine, sans suite.

– De toute façon, je ne pouvais pas continuer dans la manutention. J'ai trop mal à la colonne vertébrale, je ne peux pas rester debout toute la journée.

Nina cherche un emploi depuis un an. Elle s'est d'abord inscrite dans les agences d'intérim d'Armentières, où elle réside, sans résultats. Elle a donc pris le train pour venir tenter sa chance à Lille, et retourner dans un bureau.

Le secteur tertiaire (commerce, transports, services aux entreprises, etc.) n'emploie pourtant qu'un tiers des intérimaires. Le secteur le plus consommateur reste celui du secondaire (industries manufacturières, construction). Deux tiers des intérimaires sont ainsi des hommes. Les travailleurs étrangers sont également surreprésentés, « ce qui s'explique à la fois par leurs difficultés particulières à trouver un emploi stable et par le fait qu'ils occupent plus souvent que les Français des emplois non qualifiés (c'était le cas de 46,3 % d'entre eux en 2000 contre 27 % des travailleurs français selon la Dares) », analyse le sociologue Dominique Glaymann[16].

Les jeunes sont également majoritaires. En 2005, un tiers des intérimaires avaient moins de 25 ans, plus de la moitié moins de 30 ans, et les deux tiers moins de 35 ans. Sur l'année, toutes classes d'âge confondues, ce sont environ 2 millions de salariés – sur 27,5 millions d'actifs – qui passent plus ou moins longtemps par l'intérim. Une proportion qui ne cesse d'augmenter : le nombre de missions d'intérim a été multiplié par cinq depuis 1970.

– Pourquoi avoir choisi ce contrat de travail temporaire ?

C'est la première question que pose la formatrice. Elle note les réponses au tableau : « apprendre les méthodes », « prendre confiance en soi », « la stabilité », « le CDI ». Najet envisage l'embauche chez Safig comme transitoire. Après un bac pro vente, trois ans de contrats courts dans le prêt-à-porter, un CAP coiffure tenté sans succès, la jeune femme enchaîne aujourd'hui les missions d'intérim.

– J'ai travaillé à l'usine, en préparation de commandes pour La Redoute : il fallait ouvrir des cartons, étiqueter les articles, les remettre dans les cartons, pour expédition. C'était de 4 heures du matin à 13 heures. Et ça ne me plaisait pas du tout. Personne ne parlait à personne. L'usine, c'est un truc assez *space*. Bosser là-bas, il faut le vouloir. Moi, je suis commerciale, j'aime bien discuter, être en contact avec les gens. Rester seule, dans un bureau, même en étant secrétaire, je ne pourrais pas.

Najet a les cheveux longs et fins, bruns. Elle porte une robe noire à col roulé, droite et courte, sur un collant épais, et des bottes plates fourrées. Najet aime s'habiller, varier les styles et les accessoires. À 23 ans, elle vit avec son mari, également en emploi précaire. Ils louent un appartement près de Lille.

– Pour moi, l'intérim, c'est une façon de gagner sa vie rapidement, de ne pas passer par dix mille entretiens. Tu déposes une candidature, tu passes un premier entretien, tu commences le lendemain, tu n'es pas obligée d'attendre un mois ou deux. L'intérim, ça permet aux personnes qui sont dans l'urgence de pouvoir gagner leur vie très rapidement. Tu peux être payé à la semaine, et ça, ça dépanne beaucoup.

Concernant la suite, Najet est partagée. D'un côté, elle aime travailler, rencontrer des gens, sortir de chez elle. De l'autre, elle se verrait bien rester à la maison, comme sa mère, pour élever les enfants qu'elle espère avoir un jour. Elle admire son père, qui a monté sa petite entreprise de transport et logistique. Il subvenait aux besoins de toute la famille. Son mari, Yanis, lui, tient à ce qu'elle ait un emploi. Elle ne sait qu'en penser, elle se sent un peu perdue. Mais elle n'est pas certaine de vouloir travailler toute sa vie.

Delphine non plus n'a pas l'intention de rester en intérim. Pour elle aussi, « c'est le moyen le plus simple de trouver un boulot tout de suite ». Mais elle ne vise pas le retour à la maison. Elle préférerait « mourir plutôt que d'être mère au foyer ». Delphine vit seule, dans un studio à Roubaix, qu'elle loue au tarif étudiant.

Elle a une idée bien précise en tête. Après un bac littéraire, ne sachant trop que faire, elle a entamé un Deug de droit, qu'elle a dû interrompre pour de graves problèmes de santé. L'année suivante, après sa convalescence, elle tente un stage en bureautique-secrétariat. Mais, déjà, elle sait qu'elle veut travailler « dans la rédaction », écrire, rédiger des textes, même publicitaires, même dans des catalogues de vente par correspondance, mais faire preuve de créativité, d'imagination, « vivre de son écriture ». À 22 ans, un BTS de communication des entreprises en poche, elle entame une spécialisation d'une année en conception-rédaction (4 000 euros l'année). Mais les problèmes de santé reviennent et elle arrête les cours au bout de trois semaines. Après un « coup de mou », elle effectue quelques missions d'intérim, pour des inventaires. L'intérim, elle connaît bien. À 52 ans, son père a toujours été intérimaire. Mais il est soudeur et a toujours été très demandé. Il travaille donc en intérim « par choix », explique sa fille, admirative. Il n'a « jamais eu de passage à vide », écarte les propositions de CDI, et fixe lui-même son taux horaire, refusant de travailler pour moins de 10 euros de l'heure.

– Ça fait des années qu'il travaille chez le même patron, et on cherche encore à le débaucher. Maintenant, il voudrait prendre sa retraite, mais son employeur le retient.

Delphine sait bien qu'avec son Deug de droit inachevé et son BTS, elle sera moins sollicitée. Elle veut trouver un emploi stable le plus vite possible.

– Va louer un appartement si tu n'as pas de CDI !

Si tu es payée au Smic, déjà, c'est délicat, mais si tu viens avec des contrats d'intérim, ce n'est même pas la peine, remarque la grande jeune femme rousse, adepte de petits hauts violets. Et puis, en intérim, il faut toujours tout recommencer à zéro, repasser des entretiens, découvrir des collègues, avoir l'appréhension d'un nouvel emploi, être toujours en recherche. Et quand tu dis aux gens que tu travailles en intérim, ce n'est pas valorisant. C'est vrai que c'est du travail précaire. Moi-même je suis appelée pour des contrats de deux jours, voire d'une journée... En plus, tu es prévenue la veille, et si tu refuses parce que tu ne peux pas, on ne te rappelle jamais. En revanche, si toi tu as besoin d'un renseignement, d'une attestation Assedic, tu as toujours l'impression de déranger. Je ne comprends pas : c'est nous qui leur faisons gagner de l'argent quand même ! ?

Nina est la plus motivée pour décrocher le CDI promis par Safig. L'intérim, elle n'est pas contre.

– Question salaire, l'intérim, c'est super-motivant, s'enthousiasme la jeune femme, qui ne porte jamais de manteau en cet hiver lillois. Il y a toujours des offres, c'est stimulant. Mais ce n'est pas parce que tu es inscrite dans une agence qu'ils t'appellent. Une conseillère m'a expliqué qu'il fallait venir tous les jours la harceler, plutôt que de se contenter de laisser un CV, en attendant d'être contactée. Il faut le savoir. Pour moi, ça ne se faisait pas, c'était du non-respect...

Sa mère ne l'avait pas prévenue. Pourtant, elle aussi travaille en intérim, depuis qu'elle est arrivée en France, il y a cinq ans. Mais elle est connue des employeurs et enchaîne les missions, sans périodes creuses. En Algérie, elle était couturière et possédait une petite manufacture avec son mari. Aujourd'hui, à 54 ans, elle travaille en usine, à la chaîne, ou en manutention.

– Elle travaille plus que moi finalement, remarque Nina, pensive.

De manière générale, 80 % des intérimaires ont eu recours à ce type de contrat parce qu'ils ne trouvaient pas mieux et avaient besoin d'un revenu rapidement[17]. De même, le souci de se maintenir sur le marché du travail, et d'éviter ainsi une coupure dans la vie professionnelle, a poussé 6 intérimaires sur 10 à occuper cet emploi ; 6 sur 10 également ont accepté un contrat temporaire pour mettre un pied dans l'entreprise afin d'obtenir un CDI ensuite.

Depuis vingt ans, il est en effet de plus en plus difficile pour les jeunes de débuter leur carrière professionnelle avec un contrat à durée indéterminée. C'est malgré tout le cas pour 4 jeunes sur 10[18]. Les diplômés de deuxième ou troisième cycles (bac + 3 et plus) sont les premiers concernés (76 %, pour les sortants d'une école d'ingénieur). 6 jeunes sur 10 débutent quant à eux leur carrière professionnelle par un contrat de travail temporaire. Près d'un tiers de ces contrats sont des missions d'intérim. Cela concerne surtout les jeunes qui ont quitté l'école en classe de seconde et de première, ou qui sont sortis de terminale sans CAP, BEP, baccalauréat, brevet professionnel ou technologique[19]. Sont également dans ce cas les titulaires d'un BTS ou DUT industriel, et, dans une moindre mesure, les titulaires d'un BTS ou DUT tertiaire, ou les bacheliers qui n'ont pas poursuivi les études. Ceux-ci sont même plus nombreux en intérim que les titulaires d'un CAP ou d'un BEP.

Et par la suite ? Qu'advient-il des 19 % de jeunes qui ont débuté leur parcours professionnel en intérim ? Au bout de six mois de vie active, seul un quart d'entre eux ont un contrat de travail classique (CDI, emploi de fonctionnaire et une moitié de CDD), contre 6 sur 10 pour ceux qui n'ont jamais eu recours à l'intérim. Progressivement, les jeunes intérimaires accèdent cependant au marché traditionnel de l'emploi et plus de la moitié d'entre eux bénéficient d'un contrat de travail classique, majoritairement des CDI, trois ans après la sortie de formation initiale. La part de l'intérim se réduit principalement pour les jeunes de niveau baccalauréat à bac + 2. En revanche, les titulaires d'un CAP ou d'un BEP sont moins nombreux à quitter l'intérim entre les deuxième et troisième années de vie active. Les jeunes qui ont entrepris un CAP ou un BEP sans l'obtenir, ou qui ne disposent que du BEPC, quittent moins l'intérim.

De manière générale, les situations de chômage demeurent plus fréquentes au sein de la population qui a débuté en intérim que parmi celle qui ne l'a jamais connu. « Si l'emploi temporaire permet aux plus diplômés d'accéder assez vite à un emploi en CDI, les jeunes les moins qualifiés risquent de se trouver progressivement enfermés dans un enchaînement de contrats temporaires et de périodes de chômage », met en garde le Conseil de l'emploi, des revenus et de la cohésion sociale. « Ces résultats soulignent le fait que la segmentation de la main-d'œuvre, entre des salariés pouvant connaître un emploi stable et ceux risquant l'enchaînement de situations d'emplois instables ou de chômage, a des causes plus profondes (notamment les compétences et les qualifications) que le seul support juridique des contrats temporaires utilisés dans les processus d'embauche[20]. »

Dans le télémarketing, les possibilités d'évolution pour les salariés en contrats courts s'avèrent peu nombreuses. Le secteur fonctionne par « campagne », pour le compte d'entreprises commanditaires. Il est donc bien pratique de pouvoir disposer d'une main-d'œuvre ponctuelle, et de ne retenir que les éléments les plus endurants. Pour les autres, le but reste de multiplier les missions. Voire d'accéder tout simplement à l'intérim classique. Chez Safig, le recrutement se fait en effet fréquemment sur des contrats de formation qui permettent à l'entreprise de bénéficier d'aides et de verser au travailleur un salaire inférieur au Smic. C'est le cas notamment des contrats de professionnalisation, en alternance, qui remplacent depuis 2004 les contrats de qualification, ainsi que les contrats d'adaptation et d'orientation. Leur rémunération peut être comprise entre 55 et 85 % du Smic, selon l'âge et le diplôme. Sur le plateau, nombreux sont ainsi les collègues qui suivent en parallèle une formation en alternance dans le domaine du télémarketing. Certaines écoles privées se sont même spécialisées dans le secteur.

Le CIPI, ce contrat d'insertion professionnelle pour intérimaires dont bénéficie notre équipe, s'avère également intéressant pour l'entreprise : il ne lui coûte absolument rien, durant tout le temps de la formation, même pendant la phase pratique alors qu'il nous est demandé de travailler comme n'importe quel autre salarié. Les entreprises de travail temporaire ont en effet l'obligation de verser 0,5 % de leur masse salariale au Fonds d'assurance formation du travail temporaire (FAF.TT), pour que celui-ci finance des formations en alternance. Les agences d'intérim ne sont pas obligées par la suite de mettre en place ce genre de formations. Mais elles ont tout intérêt à le faire, selon le FAF.TT : cela leur permet de qualifier de nouvelles recrues, sur des professions en manque de candidats et qui intéressent moins les intérimaires de longue date, tout en se dotant d'une image « sociale » auprès des partenaires institutionnels – Assedic, conseils généraux, etc. – qui gèrent par ailleurs des programmes de cofinancements. Les agences entretiennent également de la sorte de bonnes relations avec les entreprises clientes qu'elles choisissent pour « accueillir » les stagiaires du CIPI. Car elles sont libres de décider du secteur et de l'entreprise bénéficiaires : aucune politique globale n'est mise en place au niveau du Fonds d'assurance formation du travail temporaire et d'intérim. De leur côté, les « stagiaires » doivent être accompagnés par deux tuteurs, l'un dans l'agence d'intérim et l'autre au sein de l'entreprise. En ce qui me concerne, dans le premier cas, aucun tuteur ne m'a été clairement désigné.

Notre première semaine de CIPI nous renvoie sur les bancs de l'école. La formatrice, Nadège, a travaillé dans le télémarketing durant quatre ans, pour devenir responsable de la formation externe. Aujourd'hui, elle a créé son propre centre de formation et propose ses services aux agences d'intérim.

– J'ai été un robot pendant un an et demi, c'est vrai. Mais, vous, vous ne le serez pas, met-elle au clair dès le départ.

Les premiers jours, les collègues sont tendus, impressionnés. Mais Nadège a le chic pour donner confiance. Tous les matins, elle nous accueille avec du café, des pains au chocolat et des croissants. Elle explique, répète, fait participer, vouvoyant chacun, encourageant le moindre progrès. Et ça marche. Les langues se délient, l'assurance vient, les craintes tombent. Nous commençons à avoir hâte de quitter le virtuel des « simulations ».

Les techniques de vente ne sont pourtant pas évidentes à appliquer. Une « méthode d'argumentation commerciale » préside tout d'abord au déroulé de l'échange téléphonique. C'est la méthode « AIDA » : A comme Attirer l'attention, I comme Intéresser, D comme Développer le désir d'accord, A comme Aboutir à l'accord. Après avoir interrogé le « prospect » (l'interlocuteur à qui nous tentons de vendre le produit) sur ses habitudes téléphoniques, le télévendeur présente l'offre qui lui correspond le mieux, en se gardant un élément décisif qui doit achever de le convaincre, avant de proposer de lui faire bénéficier de l'offre sans plus attendre.

« Pour obtenir un accord, il faut partir vainqueur ! » est-il précisé dans le manuel de formation. Et, pour vaincre, nous disposons d'armes. La voix, d'abord.

Travailler le timbre, la respiration, l'intonation, l'articulation, le rythme, le débit, le volume, les pauses et les silences. Le sourire s'entend, c'est bien connu. Plus : « Lors de longues explications, votre atout majeur est de respirer avec amplitude pour disposer d'une réserve d'air afin de parler plus longtemps », poursuit le manuel. Histoire de bien assommer l'interlocuteur. Mais pas n'importe comment : « Pour réussir, desserrez vos mâchoires, faites jouer votre langue, vos joues et vos lèvres afin d'obtenir une émission phonique nette. » Sans aller trop vite non plus : « Un rythme trop rapide (plus de 180 mots minute) agace l'interlocuteur, peut entraîner une certaine violence chez vous, cause une mauvaise articulation », ce qui risque de provoquer une « incompréhension de votre client qui peut avoir l'impression que vous voulez en finir vite ou que vous le méprisez ». Heureusement, Nadège ne nous demande pas de nous entraîner pour mettre ces principes en pratique. Nous avons suffisamment à faire avec le choix des termes à employer.

Consigne est donnée de bannir certains termes et expressions. Nous l'ignorions encore il y a quelques jours, mais les mots ont un pouvoir quasi hypnotique. Nous allons réapprendre à parler. Nadège confie pour commencer quelques règles de base. Toujours employer le présent, tout d'abord. C'est le temps de l'action, de « l'état de mise en possession » : « Cette offre vous permet d'appeler en illimité... » donne ainsi au prospect l'impression de posséder déjà le forfait et de bénéficier de ses nombreux avantages. Le présent crée la sensation d'aller plus vite, d'avoir déjà réalisé l'achat. Être affirmatif, ensuite.

– Plus je suis affirmative, plus je suis sûre de moi et plus je rassure mon client, encourage Nadège.

Conséquence directe : proscrire les interro-négatives, comme les impératifs d'ailleurs. Mieux vaut ainsi utiliser « Vous avez un instant à m'accorder ? », qui appelle un « oui » en réponse, que : « Avez-vous un instant à m'accorder ? », qui laisse le choix. De la même manière, remplacer : « Ne quittez pas » par : « Vous patientez un instant, je me renseigne. » Et quand je signale que cette dernière proposition ne me convainc pas, il s'avère impossible d'en discuter : c'est comme ça, nous ne devons employer aucune formule négative, uniquement du positif. Ainsi, le client croit que ce que nous lui proposons ne présente aucun défaut. D'ailleurs, nous sommes bien embêtés quand le prospect explique qu'il a déjà eu des « problèmes » chez nous, et que nous voulons lui demander quels genres de « problèmes » mais sans utiliser le mot « problème » parce que, évidemment, cela cautionnerait le fait qu'il en a réellement eu... des « problèmes ». Au début, on bafouille, après on répond du tac au tac : « Pouvez-vous m'en dire plus ? » ou, encore mieux : « Vous pouvez m'en dire plus ? » Les mots et expressions « neutres » (« ne quittez pas », « ne vous inquiétez pas »), quant à eux, sèment le doute dans l'esprit de l'interlocuteur. Il suffit de le savoir. Tant de mots nous font du tort... Alors qu'il faut, plus simplement, « positiver l'acte de vente en entraînant le client dans une logique positive grâce à un discours maîtrisé ». Pour ne pas rompre cette spirale euphorisante, ne surtout pas s'excuser, ne pas se « permettre de rappeler », mais, plus directement, « proposer de rappeler » sur un ton dynamique qui ne laisse pas le choix.

– On a toujours peur de déranger, c'est dans notre éducation, reconnaît Nadège.

– Surtout chez nous, les Nordistes, opine Sonia.

Il faut se débarrasser de toutes les règles de politesse et de respect apprises. Je suis impressionnée par tant de contraintes, par ce langage qui s'appuie sur une rationalité nouvelle. Un vrai lavage de cerveau. Il ne s'agit pas seulement de discuter, il faut en plus peser ses mots, y mettre le ton, endormir l'interlocuteur pour qu'il consente, dans un état de quasi-somnambulisme, à ouvrir son porte-monnaie, à dire « oui », à tout accepter. « Entraîner le client dans une logique positive »... Dans le même registre, bannir : « De rien », qui donne l'impression que tout ce que l'on vient de dire ne valait rien, pour privilégier : « Je vous en prie. » Évidemment, fini les « voilà », « OK », « d'accord » – auxquels on préférera « tout à fait » – et encore plus les « hmm ». Le télévendeur doit, au bout du compte, parler peu mais efficace, sec et rapide. Si nous pouvons personnaliser l'échange en précisant « vos habitudes de consommation », « votre adresse », « notre offre » – plutôt que « l'offre Télé2 », « nos services » –, c'est évidemment un plus. Sans trop en faire non plus : après avoir été appelé trois fois par son patronyme, le prospect est censé s'énerver. Et si nous pouvons « comprendre » qu'un client soit mécontent, nous ne pouvons en aucun cas « être d'accord ». Du coup, nous « comprenons » énormément.

Car dès les premières mises en situation, il saute aux oreilles que le prospect n'est pas toujours heureux d'être dérangé chez lui. Qu'il n'est pas ce somnambule qu'il suffirait de guider dans son sommeil, jusqu'à l'achat. Il est même parfois retors. À croire que, lui, ne suit pas mot à mot un script préétabli. Alors, il fait des « objections », le malheureux. S'il se doutait que nous l'attendons au tournant : nous savons pertinemment que les objections constituent des « réflexes-naturels-de-défense », comme cela nous est répété à longueur de journée. Et nous disposons également d'une méthode pour les traiter. Celle-ci se nomme « ARE ». C'est du grand art. A pour Amortir l'objection (« Je comprends... »), R pour Rebondir (« Justement... »), E comme Enchaîner vers la proposition (« Je vous en fais bénéficier dès aujourd'hui ? »). Toujours avec le sourire, car une objection n'est pas un mauvais signe en elle-même, « sinon votre interlocuteur aurait raccroché ». Qu'on se le dise.

Le prospect ne prend pas de décision par téléphone ? « Je comprends, justement 4 millions de clients se sont déjà inscrits par ce même procédé. » Le prospect appelle très peu, notre offre ne l'intéresse pas ? « Je vous rassure : 55 % de nos clients appellent très peu comme vous. » Il a de mauvais échos à notre propos ? « Notre service client est joignable très rapidement afin de répondre à vos attentes. » Le prospect préfère en parler avec ses enfants avant de prendre une décision ? « Je comprends, simplement vos enfants sont d'accord pour faire des économies ? » Le prospect souhaite réfléchir ? « Vous souhaitez que j'éclaircisse un point avec vous ? » Dans le doute, nous avons une réponse tout terrain. Le prospect se plaint des tarifs ? « Vous pouvez m'en dire plus ? » Le prospect n'est absolument pas intéressé par notre proposition ? « Vous pouvez m'en dire plus ? » Quand le prospect s'énerve devant nos propositions à tiroirs – « J'ai tout, ça suffit, lâchez-moi maintenant ! » – là encore nous avons la réponse : « Je comprends, pouvez-vous m'en dire plus ? » Ou, pour varier les plaisirs : « Pour quelle raison ? » Nous devons tout bêtement « creuser », « afin de rebondir ». C'est évidemment exaspérant pour tout le monde. Pourtant, étonnamment, quand ils n'ont pas coupé court dès le début de l'appel, peu d'interlocuteurs raccrochent en pleine discussion. Quitte à refuser notre offre à la fin. Comme s'ils se trouvaient bel et bien enchaînés par nos incantations.

Rapidement, les collègues se mettent à rêver qu'ils téléphonent. Raïssa arrive un matin épuisée. Elle a passé la nuit à tenter de saisir la distinction entre : « Avez-vous un instant à m'accorder ? » et : « Vous avez un instant à m'accorder ? » Elle a fait tourner les tournures dans sa tête et les mots, un par un, ont fini par perdre leur sens. Mais ce n'est rien. Le plus dur reste à venir : la session pratique, chez Safig, sur le plateau, parmi la quarantaine de télévendeurs et les quatre chefs d'équipe, également appelés « superviseurs », ou « managers ».

Le premier jour, l'équipe arrive stressée. Nina a mal dormi. Najet ne se sent pas bien. Chacun se présente. Les deux responsables se font rire en reprenant nos tics de langage dans leurs réponses, avant de détailler les nombreux forfaits Télé2. Certains sont couplés avec une offre Internet. La plupart des collègues ne disposent pas du Net chez eux et maîtrisent peu les arcanes du dégroupage. Ils posent des questions. Caroline, une chef d'équipe, lève les yeux aux ciels, l'air excédé.

– Ils se moquent beaucoup ici, j'ai remarqué, glisse Raïssa.

– Tu as vu, quand Nadège nous posait des questions, on savait répondre, on improvisait, et on ne se trompait pas, mais quand c'est Caroline, plus rien ne sort. Elle est trop agressive, estime Nina.

– Pour les retards et les absences, je vous donne le numéro de la plate-forme, on ne sait jamais, mais je ne vous le conseille pas, assène la manager.

L'équipe, d'abord incrédule, commence à paniquer.

– Je lis aussi sur les lèvres, alors faites attention à ce que vous dites entre vous.

Caroline confie le surnom qui lui a été donné sur le plateau : « FBI ». Et elle n'a pas l'air de plaisanter.

Ces éléments fondamentaux une fois précisés, nous nous lançons. Nos objectifs débutent modestes : trois ventes par jour. Ce sera cinq ensuite, puis huit.

– En dessous de cinq ventes par jour, c'est très gênant pour moi car je suis payée à la perf, précise Caroline. En plus, vous êtes en intérim, si vous ne faites pas vos ventes, ça va me coûter de l'argent. Donc, là, on ne va pas s'entendre très longtemps. Ça doit être gagnant-gagnant ici.

Chacun s'installe face à un ordinateur, un casque sur les oreilles, séparé des voisins, de chaque côté, par une planche en contreplaqué. Nous voici devenues des « Nathalie Martin » pour les filles, et des « Julien Bonneau » pour les garçons. Nous devons être à notre poste à 10 h 25, cinq minutes avant de commencer à travailler. Le temps d'écouter le « brief » matinal, qui nous informe des résultats de la veille sur le plateau, et sur celui de Melun, qui vend le même produit pour Safig également. Hier, le plateau lillois n'a pas été très performant. Un manager s'énerve.

– C'est Télé2 qui nous a fait vivre pendant un an, c'est Télé2 qui vous a donné du travail, est-ce que vous trouvez ça très professionnel de ne pas atteindre les objectifs en ce moment ?

Silence. Personne ne réplique. Les regards ne sont ni amusés ni rivés au sol, pas même agacés. Ils semblent ailleurs, en attendant que le brief se termine et que chacun puisse se mettre à travailler.

À 10 h 30, le coup d'envoi est donné. L'ordinateur compose un premier numéro. Au bout du fil, des répondeurs s'enclenchent, des prospects raccrochent, d'autres acceptent de discuter.

– Bonjour, monsieur Humeri, Nathalie Martin de Télé2. Vous êtes la personne en charge des factures téléphoniques à la maison ?

J'ai la voix qui avance sur la pointe des pieds.

– Nous sommes un couple, nous le faisons à deux !

– Hmm, hmm... Bien sûr... Je comprends complètement... Vous êtes chez quel opérateur, monsieur ?

Forcément, je le dérange, et il ne voit pas pourquoi il me répondrait. J'insiste, maladroitement, pour finir par abréger la conversation. Tout autour, les télévendeurs expérimentés s'enflamment. Certains se lèvent, agitent les mains, s'adressant au mur avec conviction. Le brouhaha s'installe, le plateau, fébrile, prend des allures de poulailler en batterie. « Bonjour, Julien

Bonneau de Télé2… » « Je vous en fais bénéficier dès maintenant ? » « Je vous entends très mal, madame. » Chacun répète le même script, qui défile à l'écran. Entre deux appels, une photo de plage ou de marché aux épices s'affiche. Pour nous détendre, sans doute. Il faut cependant relancer un autre numéro de téléphone aussitôt. Se répéter, à nouveau, glisser un pied dans la porte, calmer les interlocuteurs, forcer, toujours forcer. Pas vraiment convaincre, plutôt imposer, ne pas laisser le temps de réfléchir, aller droit au but. Car le prospect a forcément besoin de l'une de nos offres. Mais il l'ignore. C'est sans doute ce qui fait la différence entre un bon et un moins bon vendeur. Croire, réellement, qu'il est possible de vendre n'importe quoi à n'importe qui.

Moins d'une heure après avoir commencé la journée, je me mets à guetter les minutes qui défilent une à une, avec une infinie lenteur, dans un coin de l'écran. Je n'en rate pas une. L'ordinateur compose un numéro, quelques sonneries retentissent, un répondeur se déclenche : seules dix secondes viennent de passer. Un prospect décroche, répond qu'il n'a pas le temps : la minute n'est toujours pas écoulée. Je m'efforce de fermer les yeux, pour les ouvrir brusquement, espérant surprendre la pendule avant qu'elle ait le temps de revenir sur ses pas. Mais, bien souvent, elle m'a devancée. Les dernières minutes, avant les pauses, jouent spécialement les prolongations. Surtout depuis qu'il nous a été déconseillé de nous rendre aux toilettes pendant les périodes de travail.

– Mathieu est clair sur ce point : il ne veut voir personne se lever pendant la prod, transmet Isabelle.

Mathieu, c'est M. Grandville. Et deux heures, c'est long. D'autant plus que nous buvons entre les appels : à force de parler, la salive vient à manquer. La pause arrive enfin, longue de dix-sept minutes. Cinq minutes par heure travaillée. Les fumeurs, nombreux, descendent les deux étages. Les autres restent dans la petite salle de pause, équipée de distributeurs payants de boissons, cafés et sucreries. Les chips à la bolognaise ont un succès fou, concurrencé par les barres chocolatées. La pause du matin a lieu à midi et demi, et nous commençons à avoir faim. Certains dégainent les portables. Histoire de ne pas perdre la main. D'autres feuillettent les quotidiens gratuits. L'atmosphère n'a pas le temps de se détendre.

Nous retournons sur le plateau. Le responsable et les quatre managers sourient, ils nous réservent une petite surprise. Nous allons écouter la vente que Marc a réalisée ce matin même.

– Allô, bonjour, madame Peyrani, Julien Bonneau de Télé2...

Marc effectue une vente classique, rapide, légèrement forcée. Nous nous regardons, ne sachant à quel moment réagir. La cliente a maintenant raccroché. Mais Marc, devant nous, vire au rouge. Car l'enregistrement continue. On entend le vendeur, seul, face à son ordinateur, qui se parle à lui-même.

– J'suis trop bon. Six ventes ! Tous à poil. In the ass ! ! In the ass ! ! I'm the best ! Yé, yé[21]. Le plateau éclate de rire. À côté de moi, Najet est consternée, elle ne trouve pas la situation drôle du tout. Marc ne sait plus où se mettre. Caroline sourit.

– On avait un compte à régler, maintenant c'est fait.

Personne ne réagit.

Et puis c'est reparti.

– Bonjour, Nathalie Martin de Télé2, je souhaite parler à M. ou Mme Morzine, s'il vous plaît.

À l'autre bout du fil, l'interlocutrice semble surprise.

– Ils ne sont pas là. Tu m'écoutes ?

– Heu, oui, oui.

– Et puis, c'est pas M. ou Mme Morzine. Tu m'écoutes ?

Elle crie maintenant.

– Oui, oui, madame, je vous écoute.

– C'est Marcelle Morzine et Philippe Morzine.

– Ah, d'accord.

– Et ils sont morts !

La dame s'effondre en larmes. Je ne sais pas quoi faire. Je la remercie de son accueil le plus aimablement possible et lui souhaite une bonne journée. Je n'ai pas le temps de m'étendre. J'aurais besoin de prendre une pause, ne serait-ce que quelques secondes, mais l'ordinateur compose déjà le numéro suivant. L'après-midi, Najet tombe sur une femme qui vient d'apprendre qu'elle est atteinte d'un cancer. À la fin de l'appel, Najet enlève son casque, se prend la tête dans les mains quelques instants, puis repart. Et les situations dramatiques ne sont pas si rares.

Ma voisine vend des crédits à la consommation. Elle appelle des clients endettés, pour leur proposer un nouveau crédit. La technique est ici différente, les télévendeurs peuvent passer plus de temps à discuter, se faire plus intimes, conserver nom et prénom. Seuls les meilleurs vendeurs sont sélectionnés. Ils sont sept aujourd'hui.

– Bonjour madame. Vous avez ouvert un compte chez nous. Vous avez bien reçu votre bon d'achat ? Comment l'avez-vous utilisé ? Ah, vous avez acheté une machine à pain ? C'est super, ça. Et, alors, le pain est-il meilleur comme ça ? Je me suis toujours demandé si ces machines faisaient du bon pain. Oui ? Ah, très bien. Et, maintenant, quels sont vos projets ? Vous avez des petits projets de vacances ? Des travaux à faire dans la maison ? Non ? Que faites-vous en ce moment ?

L'interlocutrice vient de perdre son mari, elle est en train de remonter la pente, ses enfants lui ont conseillé des cours d'informatique, pour se « mettre dans le bain ». Ma voisine rebondit :

– C'est une bonne idée, on en a tous besoin maintenant. Et vous avez un ordinateur chez vous, pour vous entraîner ? Non ? Chez Finaref, nous pouvons vous prêter 1 000 euros, 2 000 euros, ou plus. Si vous remboursez dans le mois, c'est sans aucuns frais.

L'interlocutrice hésite.

– L'offre dure jusqu'à ce soir, madame, il faut en profiter.

L'argument est pourtant interdit sur le plateau. Les télévendeurs inscrivent leur vente au tableau. Ma voisine commence doucement aujourd'hui, avec 150 euros. La douce jeune femme en face, en revanche, est une tueuse. Elle « débloque » entre 1 000 et 4 000 euros par client.

– Je fais de l'empathie, explique-t-elle. Au début, j'avais des scrupules, mais ensuite tu vois que les autres font de bons scores, que tu risques de te faire virer, alors tu passes outre. Après, les gens sont assez grands, ils peuvent dire non, sinon ils assument.

À 13 heures, les sept vendeurs ont « débloqué » plus de 50 000 euros. La mission dure quinze jours. Ma voisine arrive le lendemain matin en se plaignant à nouveau d'insomnie.

– La nuit, je repense aux gens que j'ai eus en ligne. J'essaie de les imaginer, de mettre des visages sur les voix. Cette veuve à qui j'ai fait un crédit, hier, quelle tête elle peut bien avoir ?

Mais toutes les situations ne sont pas aussi graves. Certains prospects font même preuve d'humour.

– Bonjour, Nathalie Martin de Télé2, je souhaite parler à M. ou Mme Jadas, s'il vous plaît.

– Mme Jadas est avec son amant ! répond monsieur.

Ou bien : « Non, non. Ça ne m'intéresse pas, je n'ai pas le téléphone. » « Je téléphone gratuitement pour 30 euros par mois. » « Bonjour M. Rusé. Êtes-vous la personne en charge des factures téléphoniques à la maison ? » « Non, nous, on les fout par la fenêtre et on ne les paie pas. Vous voyez, je serais un mauvais client pour vous ! » Je suis malgré tout étonnée par le nombre de prospects qui répondent, même à des questions plus ou moins indiscrètes (« Où appelez-vous ? » « À quel montant s'élève votre facture actuelle ? »). D'autres, plus rares mais plus marquants, se défoulent : « T'es lourde, t'as compris ? T'es lourde ! » Sans oublier les insultes. Là encore il faut savoir rebondir. Tout appel doit être l'occasion d'une vente.

Heureusement, comme nous pouvons être écoutés

à tout moment par les supérieurs, nous finissons par identifier nos faiblesses. Au bout de quelques jours, chacun a droit à un entretien en tête à tête avec le chef d'équipe. La nôtre a 23 ans, et travaille elle-même en intérim. Elle débute en même temps que nous. Isabelle a cerné mes blocages : j'ai un problème de « directivité », côté « savoir-être ». Qu'est-ce à dire ? J'ai du mal à « finaliser » mes ventes parce que je prends trop de temps à expliquer au prospect pourquoi l'offre lui convient, je tiens absolument à le lui prouver, à obtenir son assentiment raisonné. Erreur. Il faut lui proposer bien plus tôt de « bénéficier de l'offre dès maintenant », juste après la lui avoir décrite. J'essaie donc. J'ai du mal. Mes ventes ne décollent pas.

Car il ne suffit pas d'appliquer la méthode sans réfléchir. Encore faut-il y mettre le ton, rester éveillé, présent, actif. Répéter le script comme si c'était la première fois. Contrer les résistances avec une conviction renouvelée. Rester en alerte, à l'écoute. Pour ne pas faire, bêtement, une « vente forcée ». Parce que ça se voit, une vente forcée. Télé2 envoie en effet un courrier de confirmation à tout nouveau client. Celui-ci dispose de sept jours pour se rétracter. S'il le fait, la vente avortée est comptabilisée dans le « taux de chute ». Celui-ci est mesuré pour chaque vendeur, et ne doit pas dépasser un certain pourcentage du total de ses ventes. Mais ce n'est pas tout. L'ordinateur est un espion plein de ressources. Il calcule dans notre dos le temps passé entre chaque appel, ce court moment pendant lequel notre main quitte la feuille de papier sur laquelle nous prenons des notes pour venir appuyer sur la touche du clavier qui lance l'appel suivant. Car nous pourrions être tentés de l'effectuer particulièrement lentement, ce geste, pour souffler un peu. Impossible : en fin de journée, le temps cumulé entre tous les appels ne doit pas dépasser quinze minutes. Sur sept heures de travail. Que reste-t-il ? Faire traîner les appels. Nous tombons parfois sur des gens qui s'ennuient et ne demandent qu'à parler. Dans ces cas-là, le temps passe quand même plus vite. Peine perdue, la durée moyenne de nos appels est communiquée au superviseur. Au total, nous passons plus de trois cents appels dans la journée. Discuter avec les prospects, se renseigner sur leurs habitudes, sans insister à plusieurs reprises pour qu'ils prennent notre offre, bref oublier le A de la méthode AIDA ? Tout est prévu : nous aurions alors un taux d'« entretiens argumentés » non suivis de vente trop élevé. Nous classons chaque appel (« répondeur », « faux numéro », « refus de répondre », « autre opérateur », etc.), et il est impossible de biaiser : chaque type d'appel entre dans des moyennes générales. Surtout, nous avons des objectifs, qui augmentent selon l'ancienneté et les résultats de chacun. Le tout est affiché sur le plateau, pour pouvoir se comparer aux voisins. Nous n'avons aucun intérêt à tirer au flanc : si les objectifs n'étaient pas atteints, Mme « FBI » risquerait de mal le prendre et de ne pas nous garder.

– Nous marchons à la méritocratie. Tu me montres ce que tu sais faire, tu me prouves que tu es capable, et on avise, a-t-elle prévenu.

À vos ordres.

Dans les centres d'appels téléphoniques, ce n'est plus le geste de l'ouvrier, mais la pensée de l'employé qui est rationalisée, taylorisée, pour mieux vendre. Il faut pouvoir individualiser les réponses, faire preuve de responsabilité, de personnalité, d'initiative, mais ces réactions personnelles sont strictement encadrées, codifiées, pour que la marge de manœuvre laissée à l'employé se réduise toujours un peu plus. Les compétences sociales doivent rester un outil mis à la disposition des responsables. Et ceux-ci disposent de moyens modernes de contrôle : l'ordinateur, auquel rien n'échappe, remplace le chronomètre et l'œil du contremaître, pour attester de la correspondance entre les actes des opérateurs et le respect des procédures. Selon les auteurs d'une étude consacrée aux « Modes de management dans un *call center* et leurs conséquences sur le bien-être des opérateurs[22] », le contrôle, désormais, « s'impose de manière diffuse, presque consubstantielle à la tâche et à l'environnement du travail (...). Une évolution qui rend le contrôle peu tangible et entrave pour les travailleurs les possibilités de s'y opposer ». Les managers peuvent ainsi se présenter davantage comme des « coaches », et non plus des « chefs », disponibles pour « aider » l'opérateur à se conformer à des attentes que tout concourt à présenter comme lui étant extérieures : des objectifs ont été fixés, il faut les atteindre, c'est l'entreprise commanditaire qui décide, pour, au bout du compte, satisfaire le client. « Se remettre en cause » doit d'ailleurs être notre principale qualité, nous est-il répété.

« Si le coût reste la condition nécessaire de survie, et non, comme dans d'autres secteurs, la valeur ajoutée, en termes de savoir-faire, alors on cherche à obtenir des coûts plus faibles. (...) On l'obtient en rationalisant les modèles d'organisation, en essayant de penser la succession des gestes et des tâches élémentaires de manière à accroître au maximum la productivité », rappelle la sociologue Florence Osty[23]. « Le choix du taylorisme n'est pas dicté par un souhait viscéral d'exploitation ou de domination, mais existe dans des secteurs bien particuliers, où le facteur de compétitivité, le principal avantage comparatif par rapport à d'autres entreprises concurrentes, c'est le coût. » Autrement dit, les progrès techniques restent des outils utilisés en fonction des priorités établies par les entreprises. Tous les *call centers* ne procèdent pas de la même manière, avec le même management, la même organisation du travail. Certains visent un échange davantage adapté aux clients, à plus forte valeur ajoutée. Les collègues qui ont déjà expérimenté plusieurs plates-formes le confirment : Safig est un employeur particulièrement stakhanoviste, tous ne privilégient pas à ce point les critères quantitatifs. En attendant, les « organisations du travail taylorienne » concernent encore aujourd'hui 14 % des salariés de l'Union européenne. Dans certaines entreprises, ceux-ci bénéficient d'un matériel adapté, d'un environnement qui se veut agréable, de conseils ergonomiques, de compensations financières ou en temps de repos, mais ils restent soumis, dans tous les cas, à d'importantes contraintes de rythme[24].

À côté de moi, Najet, elle, a pris le pli. Elle est devenue une championne. Elle s'investit à fond, se penche sur le clavier, parle avec les mains, rigole avec les prospects. Elle vient de vendre deux forfaits en une heure. Quand un télévendeur fait une vente, il doit s'applaudir, ce qui donne le signal au plateau, qui tout entier se met à battre des mains. Alors même que, pour la plupart, nous sommes en pleine conversation téléphonique. On ne s'entend plus. Alain, lui, adore. Il s'impose des défis supplémentaires. Comment fait-il ? Delphine en a déjà marre, elle cherche un emploi ailleurs. Djamila progresse de jour en jour.

– On est passés devant Melun ! hurle tout à coup un manager.

La meilleure équipe gagne un pot de confiture.

Puis :

– Melun nous rattrape ! Qu'est-ce que vous faites ? Vous voulez que je vous achète des mains ou quoi ?

– Ce serait une bonne idée pour les tickets à gratter, marmonne Djamila.

Car, quand un vendeur a de bons résultats, c'est un Morpion ou un Banco qu'il remporte. Les filles de l'équipe ont du mal à s'y faire, trouvant le système humiliant, et infantilisant. Elles se font une autre idée de la vente, du conseil au client. Elles doivent se forcer pour insister. Mais elles devraient ravaler rapidement leurs réticences, à en croire certains « anciens », qui sont là depuis trois, quatre, parfois sept mois. Peu s'attardent dans le secteur. De manière générale, dans les centres d'appels téléphoniques, le taux de rotation du personnel est estimé à 30 %, comparable à ce que l'on rencontre dans la restauration rapide. Deux tiers des effectifs ont moins de cinq ans d'ancienneté[25].

La plupart de ceux qui restent sont résolument passés du côté du produit. Ils ne comprennent plus qu'un prospect refuse leur offre si celle-ci est avantageuse. Ils s'en indignent, attribuant à la mauvaise volonté des interlocuteurs leurs contre-performances. Pendant que d'autres n'ont qu'une envie : partir, tant l'encadrement et les cadences leur sont devenus insupportables.

À 20 heures, la journée de travail se termine. Elle a duré neuf heures et demie. La longue pause du midi ne permet pas de rentrer chez soi, nous habitons trop loin pour la plupart. Et cela coûterait deux tickets de bus de plus. Mais il faut s'adapter à l'emploi du temps des prospects : ceux-ci sortent de chez eux entre 14 heures et 16 h 30, paraît-il. Alors, le soir, chaque télévendeur rentre entre 21 heures et 22 heures, dîne rapidement, se couche, crevé. Certains ont mal aux oreilles, mal à la mâchoire, à la gorge, envie de pleurer, une soif permanente pour quelques-uns, des cauchemars pour d'autres, et des tensions un peu partout. Najet dort de plus en plus difficilement. Nina a mal au dos. Un soir, dans le bus, au retour, une collègue s'étonne de se sentir aussi épuisée qu'après une journée d'effort physique. Elle ne comprend pas pourquoi. À coup sûr, elle a trop « rebondi », « amorti », contré, désamorcé, lutté, elle a peut-être même cherché, à chaque appel et de toutes ses forces, à « entraîner le client dans une logique positive ». Mais, comme la blonde jeune femme est en intérim, il n'est pas question pour elle de ménager ses efforts. Après les pots de confiture et les tickets à gratter, peut-elle espérer voir venir le CDI ?

Pour notre équipe de « stagiaires », les contrats sont d'abord prolongés en intérim traditionnel. Chez Safig, les missions peuvent durer une semaine, une autre, jusqu'à un mois, deux mois, quatre mois, voire six mois finalement. D'après le site Internet du Prisme, syndicat des entreprises d'intérim, la durée moyenne d'emploi en intérim est de six mois sur une année. La Dares (Direction de l'animation de la recherche, des études et des statistiques), moins optimiste, l'évalue à deux mois et demi à temps plein, la durée moyenne d'une mission étant de deux semaines. Un intérimaire sur sept a été en mission pendant au moins six mois en 2006[26].

En passant au stade de l'intérim, le salarié revient plus cher. Chez Safig, les intérimaires sont certes payés au Smic – auquel s'ajoutent l'indemnité de fin de mission, et les congés payés –, mais l'agence d'intérim applique à la rémunération un coefficient qui couvre le coût salarial (congés, précarité, charges), la gestion administrative et la marge du prestataire. Cependant, lorsqu'un secteur utilise beaucoup de travail intérimaire, il obtient des prix avantageux. La contrepartie du surcoût lié au travail temporaire réside dans sa flexibilité. La brièveté des contrats en fait un avantage considérable lorsque les besoins en main-d'œuvre concernent une mission précise, ou lorsque la conjoncture est anormalement élevée : seules les heures réellement prestées sont comptées. En cas de maladie de l'intérimaire, d'accident de travail, de vacances, c'est l'entreprise intérimaire qui prend tous les frais en charge. L'entreprise utilisatrice évite également tous les coûts liés à l'embauche (annonce, recherche, sélection), au licenciement (en fin de mission) et à l'ancienneté (primes, hausses de salaire, etc.). De son côté, l'employeur intérimaire y trouve son compte, par le biais des prélèvements effectués sur la rémunération. En 2005, le chiffre d'affaires mondial du travail temporaire a atteint 185 milliards d'euros. En France, l'un des premiers pays utilisateur d'intérim, les missions organisées par les 6 430 agences la même année ont produit 19 milliards d'euros de chiffre d'affaires[27].

Chez Safig, après plusieurs missions, le télévendeur peut enfin se voir gratifier d'un CDI, reconnaissance suprême. Cela s'est déjà vu mais reste rare. Un midi, je discute avec Raïssa, Nina et Djamila devant les fours micro-ondes. La pause durant deux heures et demie, nous avons le temps de débriefer les appels du matin. Débarque Antoine, 23 ans, un plat à réchauffer à la main, une bouteille de boisson gazeuse dans l'autre. Nous l'observons, Raïssa se lance. Nous sommes tout émoustillées de pouvoir parler à un « ancien ». Et pas n'importe lequel : Antoine est un très bon vendeur. Entré en contrat de professionnalisation, il vient de passer en CDI, toujours payé au Smic.

– Heureux ? demande Raïssa, dubitative tant le travail devient pénible.

– Évidemment !

Antoine va pouvoir s'acheter une voiture et quitter ses parents pour s'installer seul. Il a travaillé auparavant comme animateur en colonies de vacances et comme formateur BAFA (Brevet d'aptitude aux fonctions d'animateur de centre de vacances et de loisirs). Mais il adore la vente et le marketing. C'est un commercial pugnace, qui aime relever les défis. Il avoue fièrement envisager chaque résistance, chaque obstacle comme une occasion de se surpasser. Nous hochons la tête, admiratives. Comment fait-il ? Où trouve-t-il la motivation ? Et compte-t-il rester télévendeur des années ?

Car, même en CDI, les possibilités de promotion sont limitées. Une première possibilité consiste à rester télévendeur, mais spécialisé. Un midi, toujours pour occuper notre pause, nous décidons avec Nina et Raïssa d'aller visiter « en touristes » le centre commercial le plus proche. Coup de chance, à peine sommes-nous entrées dans la galerie que Raïssa tombe, dans la première banque venue, sur une jeune femme de sa connaissance, un peu plus âgée : elle a fait le même BTS action commerciale qu'elle, deux ans plus tôt. Aujourd'hui, la jeune femme est hôtesse d'accueil dans cette agence du Crédit agricole. Elle rayonne, tout sourire, les cheveux tirés en arrière, la tenue stricte. Échange de politesses et de nouvelles. Raïssa raconte le télémarketing, dépitée. Elle se plaint des conditions de travail, du peu d'intérêt que présente l'activité, de l'ambiance atroce qui règne sur le plateau, de sa déception, sans parler du peu de possibilités d'évolution. La jeune femme comprend, elle connaît. Elle est passée par ce genre d'entreprise et nous assure que c'est une excellente formation pour la suite. Mais il ne faut pas s'y attarder, il faut ensuite viser une plate-forme téléphonique rattachée à une entreprise, une banque par exemple, ou une compagnie d'assurances. Elle nous explique que la plate-forme de sa banque se trouve à Lambersart, et nous conseille d'aller y faire un tour.

En passant des sous-traitants aux maisons mères, le salaire augmente. En outre, c'est un bon moyen de mettre un pied dans l'entreprise en question, pour passer ensuite à d'autres fonctions. Car les téléconseillères peuvent devenir hôtesses d'accueil, puis, éventuellement, employées de guichet. Raïssa a retrouvé le sourire.

Pour ceux qui ne souhaitent pas quitter l'entreprise sous-traitante, une seule solution se présente : devenir superviseur. C'est possible. D'ailleurs, dès les premiers jours de formation on nous cite en exemple un jeune homme qui, comme nous, a commencé en CIPI il y a quelques mois. Il était même très timide au départ, il quittait un poste de jardinier et ne pensait pas pouvoir réussir dans la vente. Eh bien, il est devenu une célébrité sur le plateau. On l'appelle « Terminator » désormais. Dès que nous débarquons chez Safig, c'est lui que nous cherchons.

– Hé, dis, c'est lequel Terminator ?

On nous désigne un gaillard à lunettes, souriant, en jean et sweat-shirt noir, qu'aucun signe extérieur n'inviterait à surnommer de la sorte. Aujourd'hui, il est en CDI. Et il va passer superviseur. Sa belle réussite ferait presque oublier que, parmi ses neuf collègues de formation, seuls deux sont encore dans l'entreprise, l'un en CDI également, l'autre toujours en intérim. Les autres, Safig « a souhaité les voir partir ».

Pour notre équipe, le CIPI sera prolongé, en missions d'intérim, semaine après semaine. Je démissionne au bout d'un mois, pour les besoins du reportage, mais je reste en contact avec les collègues, pour savoir ce qu'ils deviennent. Rapidement, l'équipe bat des records, classée meilleure du plateau. Najet devient vendeuse du mois. Sa photo est affichée sur les murs. Les filles font jusqu'à neuf ventes par jour, alors que nous avions du mal à en finaliser deux au départ. Sonia est la première à être remerciée, sans raison apparente. Elle ne réalise pas moins de ventes que les autres. Alain suit. C'est pourtant celui qui se faisait le plus plaisir à ce poste. Il confiait régulièrement que, pour la première fois de sa vie, il se réveillait le matin avec l'envie de sortir du lit. Delphine craque, au bout de trois mois.

– Le CIPI a été une bonne expérience au sens où la formation théorique m'a redonné confiance. Je n'aurais pas pu assurer directement en emploi sinon, explique la grande rousse. Mais, côté pratique, ça a été l'horreur. Je ne travaillerai plus jamais dans la télévente ! Chez Safig, ils m'ont poussée à tout donner. Progressivement, mon objectif a augmenté. Je suis d'abord restée motivée. C'était une réussite sur moi-même aussi, j'étais contente de faire des ventes. Ça a duré quelques semaines. Et puis après, je me suis trouvée fatiguée, lessivée, je n'en pouvais plus. J'ai commencé à en avoir marre. C'est là qu'ils te virent normalement. Mais je suis partie de moi-même, j'avais cherché un autre boulot durant un congé maladie. Comme j'avais déjà travaillé dans la vente, j'ai postulé dans ce secteur. J'ai trouvé une mission dans un magasin de vêtements.

Au moment où Delphine part, Nina commence à ne plus en pouvoir non plus. Elle sature.

– J'avais l'impression de ne pas être respectée, avec ce système d'écoutes permanentes. Comme si j'étais un vulgaire animal qu'il fallait surveiller. Quand tu es un être humain, on peut t'accorder un minimum de confiance, non ?

Au bout de quatre mois, Safig « se sépare » d'elle. Vient ensuite le tour de Najet, qui aura tenu cinq mois.

– À la fin, en me levant le matin, j'étais vraiment dégoûtée à l'idée d'y aller. C'était la première fois de ma vie que ça m'arrivait, bien pire qu'à l'usine. J'arrivais là-bas, c'était à peine si je pouvais parler aux clients parfois. Je zappais tout de suite : j'avais un appel, je n'insistais pas, je passais à un autre. Je n'entrais plus dans la trame, je ne le faisais plus, mon job, enfin ce qu'ils me demandaient de faire comme job, parce que pour moi c'était du forcing. J'étais à saturation, j'étais vraiment écœurée. D'autant plus qu'il n'y avait aucune reconnaissance. Je m'en moquais, moi, de voir ma photo affichée au mur...

En partant, Najet trouve un contrat de trois semaines comme vendeuse dans un magasin de chaussures, suite à une candidature spontanée déposée six mois auparavant. Le mois suivant, Randstad lui propose une mission de télévendeuse, dans une autre entreprise, mais à nouveau pour vendre les mêmes forfaits téléphoniques. Najet accepte. En attendant, se dit-elle. D'ailleurs, les conditions de travail sont bien meilleures chez cet employeur.

– Mais honnêtement, dans le Nord, ce n'est vraiment pas évident de trouver du travail. Mon bac pro vente, ce n'est pas suffisant. Aujourd'hui, pour travailler dans un magasin de prêt-à-porter, on demande un bac + 2, un BTS Vente, peut-être même Force de Vente. Passer un bac + 2 m'intéressait il y a un moment, mais maintenant je vis en couple, nous avons un loyer, des charges, la vie est chère, ce ne serait pas possible de s'en sortir avec un seul salaire.

En septembre 2007, Najet vend toujours des forfaits Télé2.

Raïssa a quitté le télémarketing, pour retourner travailler dans un centre de loisirs finalement. Seule Djamila est restée chez Safig. Elle est en CDI aujourd'hui. Nina, elle, est « aux Assedic ». Le jour où je l'appelle, elle revient d'un entretien à l'ANPE. Elle est en colère car la conseillère l'incite à chercher du travail dans la télévente, puisqu'elle a de l'expérience dans le domaine. Mais Nina ne veut plus en entendre parler.

– Je l'ai fait chez Safig, j'étais motivée, je faisais mes trois heures de trajet par jour... mais je ne peux plus. Je n'aime pas ce métier. Et quand je dis que je n'aime pas, c'est un faible mot.

Elle se verrait bien dans le secrétariat, mais elle n'a suivi aucune formation dans le domaine. Nina doit retourner voir la conseillère ANPE tous les mois.

Delphine cherche désormais des missions longues, et qui la rapprochent de son objectif : conceptrice-rédactrice dans une entreprise de vente par correspondance. Elle a travaillé au standard de La Redoute, d'où elle a fait circuler des lettres de motivation. Elle cherche à s'inscrire à un atelier d'écriture, dans la région. Si elle ne trouve rien de convaincant cette année, Delphine songe à reprendre la formation de spécialisation qu'elle avait dû interrompre. Elle voudrait obtenir un bac + 3. Elle pense que le long stage prévu dans la formation, à condition de bien le choisir, pourrait mener à une embauche.

– Même si je ne trouve pas le boulot de mes rêves, un boulot créatif, j'aimerais avoir un travail intéressant, me sentir à l'aise au sein de l'entreprise, bien m'entendre avec mes collègues. C'est aussi pour ça que La Redoute me tente : l'immeuble est spacieux, les horaires sont en journée, l'entreprise est ancienne. C'est rassurant.

15 Source : INRS.

16 Dominique Glaymann, *L'Intérim*, La Découverte, Paris, 2007.

17 Édouard Favre, Nicolas de Riccardis, « Les contrats courts vus par les salariés », *Premières Informations*, Dares, mars 2007, n° 12.3.

18 « Quand l'école est finie... Premiers pas dans la vie active de la Génération 2001 », *Rapport*, Céreq, Marseille, 2005.

19 Au total, 18 % de l'échantillon sont sortis du système éducatif sans aucun diplôme, 18 % des jeunes sont titulaires d'un CAP ou d'un BEP, 60 % ont au moins leur baccalauréat en poche et 37 % sont diplômés de l'enseignement supérieur.

20 CERC, « La Sécurité de l'emploi. Face aux défis des transformations économiques », *Rapport n° 5*, La Documentation française, Paris, 2005.

21 « Dans le cul ! ! Dans le cul ! ! Je suis le meilleur ! ! »

22 Vincent Grosjean et Corinne Ribert-Van de Weerdt, « Les modes de management dans un *call center* et leurs conséquences sur le bien-être des opérateurs », INRS, citant les travaux de George Callaghan et Paul Thompson.

23 Laurence Graffin, *Le Travail en questions*, Mille et une nuits, Paris, 1999. Coffret de dix livres : *Faut-il croire au travail ?/ Sommes-nous condamnés aux cadences ?/ Comment naissent les emplois ?/ Faut-il avoir peur du progrès ?/ Faut-il encore un diplôme ?/ Peut-on maîtriser le temps ?/ La solidarité crée-t-elle des emplois ?/ Être cadre, à quel prix ?/ Comment vont les syndicats ?/ Que sera le travail demain ?*

24 Edward Lorenz, Antoine Valeyre, « Les nouvelles formes d'organisation du travail en Europe », *Connaissance de l'emploi*, Paris, mars 2005, n° 13.

25 « Les modes de management dans un *call center* et leurs conséquences sur le bien-être des opérateurs », *art. cit.*

26 Nicolas de Riccardis, « L'intérim en 2006 », *Premières Informations*, Dares, juillet 2007, n° 30.2.

27 Dominique Glaymann, *op. cit.*

CHAPITRE 3

MERVEILLEUSEMENT UNIS POUR LE MEILLEUR ET POUR LE PIRE

« Le travail à temps partiel est un facteur essentiel d'accroissement de la participation au marché du travail, surtout pour les femmes »
Rapport Kok, Conseil européen, 2003

– Nous recherchons quelqu'un d'autonome, qui fasse sa vie tout seul. Ici, par exemple, quand un poste se libère dans le magasin, c'est affiché. Si ça vous intéresse, c'est à vous de vous renseigner. Il ne faut pas non plus hésiter à venir discuter quand ça ne va pas. L'info remonte très vite sinon.

Derrière ses fines lunettes, le jeune directeur des ressources humaines se veut prévenant, et dynamique. Je postule pour un poste de vendeuse de sandwiches à la cafétéria d'Ikea, grand magasin spécialisé dans la vente de meubles. L'entretien a plutôt bien commencé.

– Ici, vous ne pourrez pas, sur un même contrat, exercer différents métiers dans la maison, mais, à votre poste, vous devrez exécuter des tâches différenciées et variées. Nous l'encourageons vivement.

Commencent alors les questions difficiles, le test d'embauche.

– Dans quel pays l'enseigne est-elle née ?

– En Suède.

– Les heures d'ouverture du magasin, jour par jour ?

J'essaie de deviner, le DRH m'aide.

– Quelles sont les cartes de réduction proposées ici ?

– ...

– Quel est le but chaque jour quand on vient travailler chez Ikea ?

– Satisfaire le client.

– Pouvez-vous citer deux de vos qualités ?

– Le sérieux, l'amabilité.

– Et deux points à améliorer chez vous ?

– Je suis tatillonne...

Un défaut qui devrait plaire à un employeur, me semble-t-il.

– Aïe, tique pourtant Vincent.

Ici, on s'appelle par son prénom. Viendra bientôt le tutoiement.

– Que faites-vous alors si vous travaillez avec un ancien qui vous laisse faire petit à petit tout son boulot et qui en profite pour papoter avec un collègue ? Vous êtes du genre à tout faire à sa place ?

– Non, d'abord, je ne me permettrais pas de prendre en charge son travail. Si je vois qu'il ne le fait pas et que ça perturbe le travail en commun, je lui en touche un mot dans l'arrière-boutique.

– Comment réagissez-vous si une cliente revient vous voir en disant que vous avez fait une erreur en lui rendant la monnaie ?

– Je m'excuse et je rectifie...

– Très bien, il faut reconnaître ses erreurs.

– Que faites-vous si vous surprenez un collègue qui prend un billet de 20 euros dans la caisse ?

– Je vais le voir dans l'arrière-boutique, je lui dis que j'ai vu son geste.

– Il aura sans doute des tas d'explications à vous donner, vous savez...

– J'essaie de le convaincre de remettre le billet dans la caisse. Je fais tout pour qu'il le fasse. Je lui dis que je vais le signaler au responsable, je le mets en garde.

– Et s'il ne le remet pas ?

– Je préviens le responsable.

– D'accord, donc, là, moi, je le vire. Êtes-vous prête à témoigner par écrit ? Êtes-vous prête à aller jusqu'au bout, ou vous vous dites que vous laissez passer, que vous réagirez la prochaine fois ?

– Je suis prête à témoigner par écrit.

– C'est ce qu'il faut faire. Parce que, et je le dis toujours en entretien, c'est le même type qui va ensuite venir voler vos affaires dans votre casier. En plus, si vous ne le dénoncez pas et qu'une troisième personne vous voit, vous pouvez être accusée de complicité.

Le DRH reprend le fil de ses questions.

– Quel est d'après vous le public visé par Ikea ?

– Tout le monde.

– Pourquoi ?

– Parce que la gamme de produits est vaste.

Heureusement que j'ai le catalogue à la maison.

– Qu'est-ce que pour vous l'humilité ?

– Heuuu, considérer les autres comme des égaux.

– Êtes-vous humble ?

Là, je me dis qu'il doit y avoir un piège, que ça ne peut pas être si simple.

– Oui, enfin, de plus en plus, je crois...

Erreur. Le DRH jubile sur son siège Ikea.

– Ah, voilà, j'ai trouvé la faille !

Pour la première fois de l'entretien, il me regarde dans les yeux.

– Vous savez, l'humilité est la première valeur chez nous. Moi je peux discuter de la même manière avec quelqu'un qui met les produits en rayon qu'avec le patron.

L'interrogatoire est terminé. Demain, le DRH discutera de ma candidature avec Martine, la responsable de la restauration. Je l'ai déjà rencontrée lors d'un premier entretien. Elle a pris le temps de discuter, d'abord désolée de voir une licence de philosophie sur le CV, avant de m'encourager pour le poste, me certifiant en voir passer beaucoup, des gens comme moi, « diplômés et qui se cherchent ». Elle a reçu 200 candidatures, suite à l'annonce passée par l'ANPE, et en a retenu six, uniquement des filles, car les CV correspondaient mieux au poste. Aux postes en réalité, depuis le départ, il y a quelques jours, d'un employé de la cafétéria qui ne s'était pas intégré à l'équipe. Le premier emploi est en CDI à temps plein, modulé (le nombre d'heures varie selon les semaines), mais une candidate est déjà pressentie. Reste le CDD de deux mois, nécessité par un « accroissement temporaire d'activité », le temps que les services se réorganisent, suite à l'ouverture d'un autre magasin de l'enseigne dans la région. Le contrat est de vingt heures par semaine, en moyenne : le salarié peut être amené à travailler plus une semaine, et moins la suivante, mais il est informé de ces modifications au moins quinze jours à l'avance. L'équipe compte déjà cinq temps complets et trois étudiantes à temps partiel.

Quelques jours plus tard, Martine m'appelle pour m'annoncer que je suis la bienvenue dans l'équipe. Le premier jour, après m'être égarée dans les longs couloirs aseptisés, je finis par trouver le vestiaire des femmes. Il était temps : le quart d'heure d'habillage n'est pas inclus dans le temps de travail, mais une prime d'une dizaine d'euros est offerte en contrepartie. J'enfile le polo, blanc bordé de bleu marine, un peu long. De toute façon, je dois le glisser dans le pantalon bleu qui, lui, me va à ravir. Si ce n'est sa taille haute et sa coupe évasée, curieusement resserrée aux chevilles. Sur le crâne, une casquette, bleue elle aussi. En collier, un badge à mon prénom. Et aux pieds, des chaussures de sécurité blanches – car le sol est glissant et je dois manier des charges lourdes – qui ressemblent à des sabots. Au moins, je suis à l'aise...

Parce que, ici, le salarié doit se sentir bien. Il n'est pas un numéro. C'est un individu qui apporte avec lui des idées, des compétences, des « savoir-faire » et des « savoir-être » qu'il n'a pas forcément acquis en entreprise, mais qu'il est hors de question de ne pas mettre à profit. Jusqu'à un certain point. Tous les deux mois, le journal interne met ainsi les « collaborateur(trice)s » du magasin en avant. L'un raconte sa passion, ses hobbies, ce qu'il fait « après le boulot ». Guitare dans un groupe hard rock, dessin, stylisme, théâtre, vidéo, voire tatouages ou piercings. D'autres se prêtent au jeu du « J'aime, j'aime pas », avouant aux collègues apprécier les animaux et la Bretagne, mais ne pas aimer l'injustice et la viande saignante. En dernière page trône la photographie mystère d'un employé. Devinez qui c'est ? Deux places de cinéma à gagner pour qui l'identifie. Les photos des « ch'ti nouveaux » trônent, elles, dans l'escalier du personnel, sur fond de montagnes suédoises, prénom et service indiqués. Tous les matins, je salue ma trombine en arrivant. Chez Ikea, chacun est unique. D'ailleurs, chacun a des horaires de pause et de repas différents, voire un emploi du temps totalement individualisé. Et si les sommes versées au titre de l'intéressement et de la participation varient avec l'ancienneté, le taux horaire et la présence dans l'entreprise sur l'année, les augmentations de salaire se font, elles, en partie « au mérite », après entretien annuel : le salarié y est évalué en fonction de son « niveau de performance » par rapport à une « norme » prédéfinie.

Les possibilités de carrière sont également adaptées. Ici, tout est possible, chacun a ses chances, à condition de faire ses preuves. Tel est en tout cas le discours officiel. L'entreprise affiche, à côté de ses résultats, l'ancienneté moyenne de ses « collaborateurs », par magasin. Visiblement, elle est fière de les fidéliser. Martine travaille ainsi pour la marque depuis quinze ans. Son adjoint y officie depuis vingt ans. D'autres ont également connu des évolutions importantes au sein de l'enseigne. Le directeur du magasin a d'ailleurs débuté comme cariste, rappelle la mythologie ikéenne. Certains responsables ont même commencé en CDD à temps partiel. Les changements de magasin, de région et de métier semblent en outre encouragés. L'enseigne a récemment mis en place une opération « Vis ma vie » : durant quelque temps, deux employés échangent leur poste. Moi-même, je débute « à l'étage », au self-service, où j'alimente « la ligne » devant laquelle défilent les clients, nombreux et affamés. La semaine suivante je descends à la cafétéria. J'y resterai tout le mois, mais je dois pouvoir remplacer un collègue sur les deux postes en cas d'absence.

À l'entrée du personnel, une affiche annonce en ch'ti et en couleur la principale devise ikéenne : « Faire bin meu pour eul quotidien deul plus grin nombre. » Y compris des salariés ? De tous les salariés ? C'est Stéphanie, nouvelle recrue à la DRH, qui s'occupe de mon « intégration ». Elle m'annonce les bonnes nouvelles, en rafale. Ikea rembourse la moitié de l'abonnement de métro, affilie tout nouveau venu à une mutuelle, offre 15 % de réduction sur les produits du magasin. Je dois également m'affilier à l'organisme de prévoyance proposé et désigner mes héritiers en cas de décès. Dans une enveloppe cachetée, j'indique qui prévenir en cas d'accident, les coordonnées de mon « médecin référent », mon groupe sanguin, mes allergies, un hôpital où je souhaite être envoyée, si je souhaite donner mes organes, si j'accepte les transfusions sanguines. Ils n'ouvriront l'enveloppe à mon nom qu'en cas d'accident. Stéphanie enchaîne sur les consignes de sécurité, en cas d'incendie. J'ai l'impression d'avoir accepté une mission à risques. Mais tout est prévu, c'est le côté rassurant. La jeune femme me confie le « règlement intérieur » et une « note de service » sur la tenue de travail. Une visite médicale d'embauche est également prévue durant la période d'essai.

Le matin, en arrivant à « la cafet' », nous mettons les machines en marche : distributeurs, lave-vaisselle, four, vitrine lumineuse, etc. Nous éclairons la boutique attenante, que nous avons également en charge. C'est l'« épicerie suédoise ». Une collègue me fait visiter, détaillant les produits. Confitures, harengs marinés, sauces, élan, saumon et viande surgelés.

" Les boulettes de viande, par exemple, c'est vraiment typique de Suède. Tous les Suédois savent en faire. C'est très vite fait. Hop, tu prends de la viande hachée, de l'œuf, de la mie de pain. Tout le monde sait les faire là-bas."

Il en va de même pour le plat « traditionnel » suédois, le « Pitty panna », me répète Valérie, jusqu'à ce que je finisse par retenir le nom.

– C'est comme les lasagnes en Italie. Les Suédois en mangent tous les dimanches.

Je lui demande si elle est déjà allée en Suède.

– Non, mais des responsables viennent de là-bas nous présenter les produits. Ça fait neuf ans que je travaille ici, je commence à connaître.

Durant la première heure, nous préparons les ingrédients nécessaires à la cuisine de la journée. Il faut décongeler les saucisses, sortir les caisses de pain, faire chauffer les « escalopes » de poulet, accumuler gobelets en carton, serviettes en papier, dosettes de lait et de sucre, canettes, bouteilles et sucreries, pour ne pas avoir à aller les chercher dans l'arrière-boutique en cas d'afflux de clients. Toujours anticiper, c'est le principe de base. Valérie m'explique en cours de route.

– Alors, là, t'as les saucisses, à faire réchauffer treize minutes au micro-ondes. Dans cette boîte, tu as les gobelets à café. Attention, ils sont marron, ceux des sodas sont bleus. Il faut aussi que tu surveilles les poubelles dans la salle, les gens les bloquent avec les plateaux. N'oublie pas non plus d'achalander les étalages de harengs, par couleur : les harengs bleus, les harengs jaunes, les harengs orange...

Je peine à tout retenir, les explications sont rapides. Valérie doit s'en rendre compte car elle revient m'expliquer qu'elle a du mal, parfois, à arrondir les angles et à mettre les formes, qu'elle a un sale caractère, qu'il ne faut pas que j'hésite à lui dire si je trouve qu'elle me parle mal. Avec Estelle, elles se sont longtemps boudées, « par manque de communication ». Une réunion a été organisée. Elles ont pu s'exprimer et, depuis, ça va beaucoup mieux.

Le magasin ouvre, les premiers clients arrivent. Étonnamment, il s'en trouve toujours un ou deux pour commander un hot-dog à 9 ou 10 heures du matin. Mais, pour l'instant, pas de panique, la plupart d'entre eux se promènent dans le magasin, poussant leur chariot en suivant sagement les flèches. Leur progéniture s'amuse pendant ce temps au Smaland, le « Paradis des enfants », une garderie gratuite, pleine de jeux tentants. À l'étage, des goûters d'anniversaire sont organisés. Une chose est sûre : la marque sera associée pour ces enfants-là à de bons souvenirs. En attendant, la voie est libre pour les parents. Une étagère en plastique ? Un chandelier arc-en-ciel ? Des bougies senteur cardamome ? Les clients les plus matinaux parviennent maintenant en fin de parcours. Nous les observons payer aux caisses du magasin, une porte sous le bras, un miroir sur l'épaule. Surviennent les premières fatigues et les premiers énervements. Ensuite, c'est certain, ils auront faim. Surtout si c'est samedi. Une foule se dirige « en haut », au self-service, pour un repas chaud, certainement des boulettes de viande à la sauce aux airelles, comme il est proposé tous les jours. Elles seront sans doute suivies d'une tarte aux bonbons, extrêmement appréciée, que nous vendons également sous sa forme surgelée à la boutique.

Les autres clients peuvent se rabattre sur un sandwich à 50 centimes d'euros. Là, c'est à nous de jouer. Des collègues nous ont rejoints. Les étudiantes à temps partiel ont terminé leur semaine à la fac. Elles se demandent si elles vont sortir ce soir. Sandra raconte ses examens, Bénédicte tente de réviser un cours, qu'elle enterre rapidement dans le bac à sucrettes. L'équipe de choc du week-end est au complet.

– Enfin un vrai samedi ! lance Sandra en voyant les files d'attente se former.

De mon côté, je commence à paniquer. Parce que

nous confectionnons les sandwiches au fur et à mesure des commandes, à flux tendu.

– Je vous emballe, madame ?

C'est l'une des plaisanteries favorites du superviseur, au moment de mettre les produits dans un sac.

– Mais je paie où ? demande une cliente égarée.

– Chez Carrefour, de l'autre côté du parking.

C'est la seconde blague préférée de Paul. Les clients passent à la caisse, indiquent ce qu'ils veulent manger, la collègue nous répète l'ordre en criant, et nous nous agitons. Saisir une serviette en papier, l'ouvrir, y placer un petit pain chaud avec la pince en métal. Le petit pain est prédécoupé dans sa longueur. Ouvrir le pain, toujours avec la pince, d'un mouvement sec de la main, pour pouvoir y glisser une saucisse ou une « escalope » de poulet incrustée d'herbes de Provence. Une pince pour attraper le poulet, une autre pour les saucisses. Ne pas les mélanger, surtout. De la salade (10 grammes pour être précise) avec le poulet, pas d'accompagnement pour le hot-dog. Combien de sandwiches pour monsieur ? Six. Je fais tomber de la verdure par terre. J'essaie d'accélérer, un embouteillage s'est formé. Et pour le groupe ? Quatre poulets, et cinq hot-dogs. Je préfère les hot-dogs, j'avoue. Pas de salade qui se balade. Un seul geste, efficace, que je pourrais répéter toute la journée, me semble-t-il. À condition de ne pas tremper le pain dans l'eau où marinent les saucisses. Tiens, tant pis, un sandwich humide, le client n'a rien vu.

Il faut dire que le client en question essaie actuellement de se concentrer sur la suite des opérations, de se remémorer les consignes que nous lui avons très certainement données lors de sa dernière visite. Parce que le client est lui aussi mis à contribution. Nous vendons le repas en kit. À lui de le monter. C'est la raison pour laquelle il paie si peu cher : il participe à la chaîne de fabrication.

– Les gens aiment bien se servir tout seuls, m'explique Paul, le manager. Beaucoup n'osent pas demander à la serveuse de faire moitié moutarde, moitié ketchup, ou de ne pas assaisonner. Comme ça, ils font ce qu'ils veulent.

Le client a donc un plan de montage à respecter, un circuit à suivre, des flèches sont là pour le lui rappeler : lorsqu'il a demandé un jus d'orange et une glace à la vanille, la vendeuse à la caisse lui a confié en échange un gobelet et un cornet vides, le client s'est ensuite avancé pour récupérer ses sandwiches, et quand il arrive devant les distributeurs de boissons, de café, et enfin de glaces, c'est à lui de remplir gobelets et cornets.

Une fois parvenu en bout de comptoir, le client peut enfin s'élancer, à la recherche d'une table libre (si le modèle lui plaît, il peut évidemment l'acheter en magasin). Il guette, un minuscule plateau en carton dans la main droite pour supporter ses cinq hot-dogs, et trois gobelets dans la main gauche. Parfois, ça tombe. Hop, on passe la serpillière. Et c'est reparti.

– Je peux avoir de la moutarde dans le sandwich, s'il vous plaît ?

– Les sauces sont au milieu de la salle, au niveau du poteau jaune, c'est à vous de vous servir, monsieur.

– La glace, elle est où, la glace ?

– Derrière vous, monsieur. Il faut faire la queue.

– Et qu'est-ce que je fais avec ce gobelet vide ?

– Vous vous rendez à la fontaine à boissons, c'est à volonté, monsieur.

– Madame, je me suis trompé, j'ai appuyé sur vanille, mais je voulais chocolat, je peux avoir un autre cornet ?

– Madame, j'ai appuyé sur glace et j'ai eu du café !

– Y a plus de ketchup dans la machine ! !

Passe le directeur.

– Ça va, Nicolas ? lance Valérie.

– Bien, et toi ?

Cette familiarité me surprend à chaque fois. Paul est en pleine conversation avec une collègue. Il râle contre les étudiants qu'il a embauchés en décembre et qui, parfois, « oublient de venir travailler », sans même le prévenir. C'est un comportement qu'il ne comprend pas. Isabelle prend sa pause. À mon tour d'ouvrir une caisse. Je vais chercher mes sous en caisse centrale. En chemin, tous les employés que je croise me lancent un « Salut ! » jovial. Au début, je dévisage chacun intensément, me demandant si nous nous sommes déjà adressé la parole. Mais pas du tout. Simplement, ici, on se salue tous. Une caméra de surveillance me suit au retour. Je m'installe. Un menu hot-dog, trois *donuts* ? Je tape sur les icônes. Les clients sont patients, aimables. Je préfère être à la caisse qu'à préparer les sandwiches. Sauf quand le client a choisi un produit en réduction. Mieux vaut connaître les remises du jour par cœur, mais je les oublie toujours. Et, sur les caisses, impossible de revenir en arrière : elles ont été mal réglées. Alors, on s'arrange. Il s'agit de garder en mémoire une somme erronée tapée pour un client précédent et de déduire cette somme, mentalement, de la note du client suivant. C'est toute une gymnastique, propice aux erreurs de calcul.

Des Tickets-Restaurants ? Carte bleue, chèque, liquide ?

– Qui n'a pas fait ses sandwiches ? crie Bénédicte.

Je n'avais pas vu qu'il manquait un collègue, qu'il fallait désormais encaisser et faire les hot-dogs dans la foulée. Je me précipite. C'est magnifique, la polyvalence[28], ça permet de varier les activités, de bannir les temps morts et de pouvoir s'adapter en permanence à la fréquentation du magasin. Si ce n'est que je n'ai pas le temps de maîtriser tous les postes. Je n'ai pas non plus le temps de me laver les mains quand je passe de la caisse aux hot-dogs, puis de nouveau aux pièces de monnaie, pour revenir aux sandwiches, et ainsi de suite, quand des hordes de clients débarquent. Et puis, à force d'être tous multifonctions, on oublie certaines tâches, persuadé qu'un autre s'en est chargé. C'est ainsi qu'un jour douze saumons périmés se retrouvent à la vente. Personne n'a fait la tournée des frigos.

Le jeudi, nous recevons les stocks, pour remplir les étalages de la boutique. Valérie râle contre l'employée du matin, qui n'a pas disposé les produits comme Martine l'avait demandé. Il nous faut tout déplacer. « Faire et défaire, c'est travailler », disait une responsable... La frêle Valérie agrippe le « tire-pal » qui, comme son nom l'indique, sert à tirer les palettes, ces lourdes cagettes en bois contenant les produits à vendre. Chips, confitures, moutardes, biscuits, bonbons. Nous choisissons l'emplacement des étalages, décidons du meilleur endroit pour optimiser l'occupation de l'espace, faciliter le déplacement des clients, tout en limitant les possibilités de vol. Car il serait trop simple d'équiper les produits coûteux, comme les bouteilles de vodka, d'antivols. Non, mieux vaut que nous puissions garder un œil en permanence sur les clients qui déambulent dans la boutique, tout en confectionnant les sandwiches, en encaissant la monnaie, et en nettoyant la cuisine. La semaine dernière, huit bouteilles ont disparu d'un coup. Nous guettons le grand brun que Valérie pense avoir identifié. Je trouve ça excitant, ma collègue, elle, reste tétanisée, car elle l'a signalé à la sécurité, et qu'il l'a vue faire. Thibault, de son côté, estime ne pas être responsable de la surveillance de la boutique. Pour lui, c'est un autre métier, et il faudrait être payé en plus pour l'exercer. Martine passe, elle nous conseille de déplacer cinq palettes, qui nous empêchent de surveiller les étalages des gâteaux secs. Nous voici donc reparties à tout réagencer. Mais le manager, qui arrive en milieu de matinée, a encore une autre conception de la chose. Pour la troisième fois, nous transportons les conserves, les pots de confiture et les rouleaux de chocolats.

L'équipe du « restaurant » – self et boutique suédoise – déjeune vers 11 h 30, avant l'arrivée des clients. Le restaurant d'entreprise, en libre-service, propose des plats chauds pour moins de 2 euros, et des repas équilibrés autour de 3 euros. Si le menu ne convient pas, il est toujours possible de demander des boulettes de viande nappées de sauce aux airelles aux cuisiniers. Mais on s'en lasse vite. La salle est vide, les employés du restaurant se regroupent pour former une grande tablée bruyante. Stéphanie est toute seule à la plonge aujourd'hui. À 23 ans, elle est en deuxième année de fac, et travaille ici quinze heures semaine. Elle va arrêter la psycho car il n'y a pas de débouchés. L'année prochaine, elle étudiera les sciences de l'éducation, elle veut travailler dans le social. Bien sûr, elle pourrait rester chez Ikea, mais elle a d'autres perspectives de carrière et veut gagner davantage d'argent. Thibault, qui alterne entre la caisse et le nettoyage des tables du self, moins de vingt heures par semaine, ne compte pas non plus chercher un temps complet ici après ses études. Et s'il ne trouve pas de travail avec son diplôme ? Il n'a pas envisagé ce cas.

Dès le repas terminé, je « badge » à la « badgeuse », qu'on pourrait également appeler une « pointeuse ». Aujourd'hui, la cafétéria est calme, sans doute parce qu'il fait beau dehors. Nous avons le temps d'épousseter les présentoirs, de trier les produits par date de péremption, de redonner une certaine tenue à la boutique qui ressemble habituellement à un entrepôt industriel. Nous avons aussi le temps de discuter, en grignotant les bonbons des paquets éventrés. Bénédicte, un piercing au menton, a commencé aux caisses voilà deux ans. La jeune femme souhaiterait travailler davantage d'heures, elle semble de moins en moins motivée par ses études d'économie. Elle s'est intégrée à l'équipe, et se sent bien ici, malgré quelques conflits de personnes.

En contrat étudiant, un CDI à temps partiel, intéressement et participation lui ont déjà rapporté près de 2 000 euros, qui l'attendent sur un compte bloqué. Ça la motive. Sandra, une grande brune aimable et efficace, fait des études de stylisme. Le problème, c'est que les défilés ont souvent lieu le week-end et Sandra travaille chez Ikea tous les samedis. Valérie, elle, vient d'obtenir son passage à temps plein. Elle raconte avoir attendu depuis la fin de son deuxième congé maternité, il y a cinq mois, pour obtenir le poste. Le manager, de son côté, répète entre deux boutades sa satisfaction et sa reconnaissance à l'égard de l'enseigne. Paul a arrêté l'école à 14 ans, avant de se former en alternance et d'obtenir un CAP cuisine. Il est ensuite resté quinze ans dans la restauration, enchaînant les horaires à rallonge. Chez Ikea, il a d'abord travaillé à l'étage, en cuisine, avant de passer en boutique et de devenir chef d'équipe. À 38 ans, il se verrait bien passer toute sa carrière dans l'entreprise, où il a des chances de pouvoir évoluer.

16 h 30. Je n'ai vu le temps passer. Paul m'envoie illico prendre ma pause de l'après-midi. Pas question de l'oublier : je ne dois pas travailler plus de vingt heures par semaine, pas une minute de plus.

– Sinon, on te fera sans doute une remarque et ce n'est jamais agréable, prévient Valérie.

C'est le monde à l'envers. Ça change de Safig. Je « débadge » et me joins aux fumeurs sur la terrasse. Il fait suffisamment chaud pour rester en polo. Yvette, 35 ans, raconte son nouvel amoureux. Sylvie réfléchit à des aménagements dans sa nouvelle maison, en banlieue lilloise. Les employées du self-service s'accordent à dire qu'Ikea a le mérite de proposer des horaires corrects pour un service de restauration. Cela permet d'avoir une vie à côté. C'est rare dans le secteur.

En descendant, je jette un coup d'œil à mon planning. La formation « gestes et postures » est prévue la semaine prochaine. Le samedi de repos – un sur quatre – arrive la semaine suivante. L'emploi du temps est affiché quinze jours à l'avance. Impossible d'être amené à travailler moins de quatre heures d'affilée (pour éviter les emplois du temps trop morcelés), et au maximum dix heures par jour (hors pauses). Mes vingt heures sont ainsi réparties, selon les semaines, sur trois, quatre ou cinq jours, et le responsable fait systématiquement des efforts pour m'arranger.

Le lendemain, je commence à 9 heures, comme prévu. Paul, le manager, est là depuis une heure. Il n'arrivait plus à dormir, alors il est venu faire les rangements que nous repoussions toujours à plus tard. Il installe des affichettes propres et lisibles sur la vitrine. C'est vrai que c'est plus classe.

– Quel orgasme professionnel ! s'exclame-t-il en terminant.

Il en aura plusieurs dans la journée. Il adore aussi gérer son équipe, aider celui qui galère, créer une bonne ambiance au travail. Chacun se trouve ainsi affublé d'un surnom. Je deviens rapidement « Pikachu ». Lui, c'est « Popol ». L'équipe s'enorgueillit également d'un « Kirikou », d'une « Coco » et d'un « Omer », pour Omer Simpson, car nous vendons des *donuts*. Il faut dire qu'à la cafétéria et au self-service, tout le monde se connaît. Des liens d'amitié, parfois familiaux, se sont tissés, et la plupart des membres se côtoient durant leur temps libre. Surtout, dans le magasin, le tutoiement est de rigueur, l'entraide une coutume, la convivialité un principe. Dans son *Testament d'un négociant de meubles*, consultable en libre-service à l'entrée des collaborateurs, le fondateur de la marque évoque « l'héritage Ikea », tutoyant les salariés, avec lesquels il forme « une équipe de fanatiques », comparée à une équipe de football, dont les membres devraient être « modestes, résolument enthousiastes, et merveilleusement unis pour le meilleur et pour le pire ». De là à penser que nous formons une grande famille, il n'y a qu'un pas de troll suédois à franchir.

Le jour où j'oublie la clé de mon casier, c'est le DRH qui surgit en jean et sweat-shirt dans le vestiaire avec une pince-monseigneur pour briser le cadenas.

– Merci, Vincent !

– De rien, Elsa !

Déroutant. Vivent les gentils managers en baskets. À bas la hiérarchie, tous en survêtement !

"Parfois, les clients me demandent pourquoi le pays entier n'est pas géré comme un Ikea : sans hiérarchie, et sur le mode du self-service, raconte un collègue du restaurant."

Simplement, des survêtements, il y en a de plusieurs sortes. Les tee-shirts jaunes sont réservés aux vendeurs du magasin, majoritairement des jeunes âgés de 20 à 35 ans. Ça fait d'ailleurs rêver certains collègues. Au-dessus, dans la hiérarchie, on trouve les polaires grises.

Là, on entre dans les bureaux. Les employés sont plus âgés. Ils saluent à tout va, comme n'importe quel employé, déjeunent au même self que les vendeurs. Mais à leur propre table.

D'ailleurs, les « anciens » regrettent un temps encore plus fraternel.

– Avant, c'était vraiment une grande famille ici. Ce n'était pas la même mentalité, déplore Isabelle, en poste depuis quatre ans. Maintenant, c'est davantage la course au profit. Le chiffre d'affaires est affiché à l'entrée tous les jours, pour qu'on puisse se comparer aux magasins du groupe.

Sandra confirme. Elle sort de son entretien annuel avec le chef d'équipe, qui l'a beaucoup complimentée, mais qui lui a tout de même demandé de s'intéresser davantage aux objectifs de vente du service et de vérifier, en fin de journée, s'ils avaient été atteints.

Car les employés sont là – il ne faut pas l'oublier – pour enrichir, ensemble, l'être supérieur qu'est l'entreprise. Leur entreprise. Qui les nourrit. Et les meuble au passage. Les affiches en ch'ti suspendues dans le magasin savent le rappeler : la multinationale s'adapte aux spécificités locales, elle s'adresse à chacun des employés, elle se fait proche d'eux. L'entreprise a compris que, pour que le salarié effectue un travail correct, mieux vaut qu'il se sente respecté, digne de confiance, et de responsabilités. C'est pourquoi également l'entreprise encourage le travail d'équipe, multiplie les compétences, offre des possibilités d'ascension.

Serait-ce une méthode spécifiquement ikéenne ? Au contraire : « Depuis les années 80, les entreprises des pays industrialisés ont connu des transformations organisationnelles importantes. Des pratiques de travail, comme les équipes semi-autonomes, les groupes de projets ou de résolution de problèmes, les cercles de qualité, la polyvalence ou la qualité totale[29], ont été mises en œuvre pour favoriser l'implication des salariés et améliorer les performances des entreprises. Ces pratiques sont souvent considérées comme constitutives d'un nouveau modèle organisationnel qui viendrait remplacer le modèle taylorien », constate le Centre d'études de l'emploi, qui a publié en mars 2005 les résultats de la troisième enquête européenne sur les conditions de travail dans les pays membres. Ces nouvelles organisations concernent aujourd'hui 7 salariés européens sur 10.

Elles sont de deux sortes. Plus de la moitié permettent une forte autonomie, pour effectuer des tâches complexes, qui ne sont ni monotones ni répétitives et peu soumises à des contraintes de rythme. Mais ce n'est pas systématiquement le cas. Dans 40 % de ces nouvelles organisations, les salariés se voient imposer des contraintes de rythme particulièrement lourdes. L'autonomie y est certes encouragée, au sein d'une équipe, qui doit se serrer les coudes. Participation, confiance et coopération deviennent les maîtres mots. Chacun doit pouvoir prendre des décisions, innover, s'adapter aux changements. Les modes de fabrication, le déroulé de l'activité ne sont plus soigneusement rationalisés et surveillés. Les salariés peuvent contrôler eux-mêmes le résultat du travail, débarrassés du contremaître, et de l'ordinateur espion. Pourtant, le contrôle perdure, indirect. Car la seule exigence est d'atteindre les objectifs fixés par la hiérarchie. Il revient au salarié d'imaginer les moyens à mettre en œuvre. C'est à lui de répondre aux désirs du juge suprême, seul, avec ses cinq sandwiches au poulet sur un plateau en carton vacillant : le client. Celui-ci dicte son choix : le sandwich doit être confectionné rapidement, et les produits rester frais en permanence.

L'autonomie s'en trouve finalement modérée, réduite à quelques aménagements. Choisir l'ordre dans lequel on s'acquitte de ses tâches. Décider d'alterner les fonctions dans la journée. Organiser son temps de travail. Bref, gérer les contraintes, le travail restant pauvre en contenu. « Il s'agit donc d'une "autonomie contrôlée" que les employeurs suscitent pour concilier contrôle managérial et mobilisation de l'initiative et de la créativité des salariés », constate le Centre d'études de l'emploi. « Cette autonomie concerne des décisions qui n'ont pas un caractère irréversible », remarque en outre le sociologue Marc Courpasson, professeur de sociologie à l'École de management de Lyon. En revanche, « en ce qui concerne les décisions stratégiques, on assiste à un mouvement de reconcentration : les décisions capitales sont prises par des cercles de plus en plus étroits. L'allocation des ressources, la nomination aux postes clés, la "gestion des potentiels", ce qui relève de l'univers politique de la firme est mené par une véritable oligarchie managériale. (...) On observe ainsi un débordement d'énergie des salariés en ce qui concerne la gestion de leur carrière et au niveau quotidien, local de leur travail. Mais cela va de pair avec ce que l'on peut appeler une apathie politique, un désengagement quant au destin collectif de la firme[30]. »

Ingvar Kamprad, le fondateur d'Ikea, lui-même lutte avec ferveur dans son *Testament d'un négociant en meubles* contre ce qu'il appelle la « bureaucratie » : les réunions multiples, les échanges entre services, la rédaction de rapports, synonymes pour lui de perte de temps. « Rappelle-toi que le pire ennemi de la bureaucratie est un groupe réduit de décisionnaires », conclut-il, à l'intention de ses employés. Participer aux décisions cruciales ne compte pas parmi les critères susceptibles de motiver les « collaborateurs ».

« Les tâches [à] accomplir », en revanche, en font partie, comme l'indique le fondateur, s'appuyant sur « de nombreuses études ». Il s'agit donc de présenter ces tâches comme variées, faisant appel à la responsabilité, l'imagination et le sens pratique de chaque travailleur. Mais ce n'est pas tout. D'autres critères sont réputés stimulants, pour Kamprad : « L'appréciation que montrent le responsable et les collaborateurs pour le travail accompli, les relations sur le lieu de travail et au-dehors, la participation dans une équipe qui réussit, etc. » Plus précisément : « Entretenir le sentiment d'appartenance et l'enthousiasme pour le travail est d'une importance primordiale pour notre réussite. C'est ce petit avantage en plus qui attire de bons collaborateurs et qui fait que nos collaborateurs actuels sont prêts à faire ce petit effort supplémentaire qui nous permet d'être meilleurs que nos concurrents. » Nous y voilà. Les salariés doivent participer à ce « petit effort », apparemment collectif. Mais en quoi consiste-t-il exactement ?

Toujours selon « de nombreuses études », l'intérêt de la tâche, la reconnaissance, la bonne ambiance et l'appartenance à une entreprise qui fait des bénéfices l'emporteraient largement sur « le salaire, les horaires, la voiture de fonction, etc. ». Vraiment ?

À 20 heures, les derniers clients s'empressent de commander quelques hot-dogs à emporter. Ils ne pourront pas profiter du distributeur de boissons à volonté. Le magasin ferme. À 20 h 15, les lumières s'éteignent. Nous nettoyons les vitrines, rangeons les *donuts*, et les sablés double face au chocolat pour le lendemain. Nous passons un coup de chiffon sur les tables. Avec la collègue qui « fait la fermeture », nous ligotons consciencieusement les quatre grandes poubelles dans lesquelles les clients ont vidé leurs plateaux. Des affichettes identifient chaque bac : plastique, papier, canettes, déchets organiques. Nous empilons les sacs sur un chariot, pour nous diriger vers le vide-ordures central. Une fois arrivées dans le vaste local, nous jetons un coup d'œil à notre cargaison : les quatre sacs sont noirs, rien ne les distingue plus désormais. Qu'à cela ne tienne : nous les jetons tous dans la même benne. Je demande à la collègue ce qu'elle en pense. Elle répond que les clients de la cafétéria eux-mêmes mélangent leurs déchets, sans se préoccuper de tri sélectif. Il est donc inutile pour nous d'essayer de respecter les affectations des poubelles.

Pour rejoindre les vestiaires, je traverse le magasin, vide. Dans la pénombre, les coussins en forme d'animaux tendent mollement leurs bras en peluche aux miroirs ondulants. J'enjambe un lit enfant, remonte les allées à contresens, pousse les « issues de secours » qui révèlent que le rayon salle de bains jouxte en réalité les luminaires malgré les quarante minutes de circuit fléché qui les séparent. Je prends la tangente au rayon cuisine, pour me retrouver dans le couloir blanc du personnel. Les dix-huit principes ikéens sont étalés sur les murs. Dans le vestiaire, je prends mon temps. En sortant, je trouve la collègue qui m'attend patiemment depuis un moment.

– Merci, il ne fallait pas, ce n'était pas la peine.

– C'est un travail d'équipe, c'est ça l'esprit d'équipe ! explique-t-elle tandis que nous nous dirigeons tranquillement vers la nuit noire et le brouillard.

Je me demande toutefois si le travail à temps partiel et en contrat de courte durée est vraiment compatible avec une forme d'organisation qui insiste sur le travail d'équipe, la responsabilité et la polyvalence. Comment cette demande d'investissement, cette exigence de participation peuvent-elles s'accommoder de flottements dans les statuts d'emploi et d'incertitudes sur leurs évolutions à moyen terme ? Comment cette coordination fine entre membres d'une équipe de travail est-elle possible lorsque voisinent des salariés sur contrat à durée déterminée, des intérimaires et des employés plus stables ?

Dans mon cas, la réponse est toute trouvée : il paraît que je suis le « joker » de l'équipe. Je dois pouvoir aider chacun quand il en a besoin, le remplacer, le dépanner en cas d'afflux de clients, notamment durant les vacances scolaires. Comme si on pouvait, dans une grande famille, adopter une cousine le temps d'un été, et seulement après les repas, histoire d'avoir plus de bras pour débarrasser la table. Car c'est bien de nombre de bras dont il est ici question. Pour un salaire de temps complet, deux temps partiels permettent de mobiliser quatre bras au lieu de deux. Il y a moins de risques qu'ils tombent tous malades en même temps. Et cela donne plus de possibilités d'allonger leur durée de travail (le temps plein a beau être modulable, il ne peut dépasser certaines limites, autour de quarante heures par semaine). Surtout, les quatre bras peuvent travailler de concert, aux heures de pointe.

Il faut dire aussi que les cotisations sociales ont été allégées, entre 1992 et 2000, pour les entreprises qui embauchaient à temps partiel. La grande distribution, l'hôtellerie-restauration, les services aux entreprises ont alors recruté massivement à mi-temps. Plus largement, depuis le début des années 80, le recours au travail à temps partiel a considérablement augmenté. En France, on est passé de 1,6 million d'actifs à temps partiel en 1980 à près de 4 millions en 2002[31]. Le travail à temps partiel est particulièrement répandu dans le secteur marchand et domestique (la moitié des agents de nettoyage et des caissières), dans la grande distribution (un quart des 300 000 salariés), et dans le secteur de l'aide à domicile (80 % des 100 000 salariés)[32]. En 2005, on compte au total 17 % de temps partiel dans l'emploi total : 31 % chez les femmes et 6 % chez les hommes. Résultat : 8 travailleurs à temps partiel sur 10 sont des femmes.

Peut-on, dans ces cas-là, cumuler deux emplois, voire plus ? En 2005, 5 % de la population salariée française, plus d'un million de personnes, exerce plusieurs professions ou bien exerce une même profession pour plusieurs employeurs. Le nombre de ces salariés « pluriactifs » a augmenté plus rapidement que l'ensemble de la population salariée, dépassant le million en 2005. Parmi eux, 7 sur 10 ont une profession mais plusieurs employeurs. La pluriactivité s'accompagne alors d'une faible durée de travail et de bas salaires. Les salariés dans cette situation sont très majoritairement des femmes, généralement peu diplômées : la moitié de ces salariés n'a pas dépassé le BEPC et un quart seulement a obtenu le baccalauréat ou plus. Les trois quarts d'entre elles sont assistantes maternelles, gardiennes d'enfants, aides ménagères, aides à domicile, ou femmes de ménage chez des particuliers[33].

Mais comment cumuler plusieurs activités ? J'avais déposé à mon arrivée à Lille une candidature spontanée dans une entreprise de nettoyage de bureaux, qui me rappelle au moment où je débute chez Ikea. Rendez-vous est pris. L'un des six managers est un nouveau et il s'est plongé dans la pile de candidatures déposées ces derniers mois. Il cherche à se constituer un « vivier » d'« agents de service », puisqu'on ne parle plus de « personnel d'entretien » dans l'entreprise. L'idée est de faire travailler les 380 salariés en polyvalence, de diversifier les activités : nettoyage, déménagement, peinture, recyclage de cartons, etc. Le manager est donc à la recherche d'étudiants et de travailleurs qui ont besoin d'un complément de salaire. Pour le moment, il a surtout besoin de quelqu'un pour compléter en CDD une équipe de trois, qui nettoie des bureaux dans la banlieue sud, le matin, avant l'arrivée des salariés. Le travail commence demain. De 5 heures à 8 h 15. Payé 8,27 euros de l'heure, le Smic horaire. Je demande si le salaire n'est pas plus élevé de nuit.

– Si, bien sûr, me répond le manager, mais la nuit, c'est de 21 heures à 5 heures.

En attendant, le premier métro n'arrive à destination qu'à 5 h 30 passées, comme le premier bus. Je ne peux pas venir à pied. Trouver un vélo bon marché d'ici demain, sachant que je travaille cet après-midi, me paraît difficile. Et je me suis renseignée auprès d'un chauffeur de taxi : ce sera 20 euros la course. J'explique au manager que je risque d'avoir du mal à venir. Une autre idée lui vient alors. Une employée qui travaille à Tourcoing prend ses congés la semaine prochaine, et je pourrais la remplacer. Elle fait le ménage dans cinq entreprises. Son emploi du temps : de 11 h 30 à 13 h 30 mercredi, de 9 h 45 à 13 h 15 jeudi, de 8 heures à 11 h 30 vendredi, et de 12 h 00 à 13 h 30 samedi. Elle travaille seule et se déplace à pied ou en transports en commun. Tant qu'il est dans le classeur des plannings, le manager m'en montre d'autres, la plupart très éclatés.

– Nous n'avons pas le droit de faire travailler quelqu'un sur plus de cinq chantiers. Et pas plus de 35 heures, m'explique-t-il, mais nous le faisons quand même, et nous payons en primes. Certaines employées travaillent aussi pour d'autres entreprises sans nous le dire. Jusqu'à 200 ou 300 heures par mois. Elles se font beaucoup d'argent, vous savez.

Pour l'instant, mon emploi du temps chez Ikea ne colle pas du tout avec ce qu'il me propose. Et pour les semaines suivantes, me demande-t-il ? Je suis incapable de lui répondre, mon planning varie tous les quinze jours.

Peut-être qu'Ikea va me proposer un autre emploi, en complément, de toute façon. Lors du recrutement, on m'a parlé d'éventuels contrats complémentaires dans la maison, sur d'autres postes. Mais, durant le premier mois du CDD, je ne vois rien venir. En attendant, avec un temps partiel de vingt heures par semaine, chez le vendeur de meubles, le salaire ne dépasse pas 740 euros brut par mois. L'heure est payée au salaire minimum. Le travail à temps partiel est d'ailleurs particulièrement fréquent pour les salariés au Smic : il concerne près d'un salarié sur trois[34]. Ainsi, un quart des salariés à temps partiel touchent une rémunération mensuelle nette inférieure à 480 euros et la moitié à 750 euros[35]. À titre comparatif, le montant du RMI pour une personne seule sans enfants est de 440 euros, depuis le 1er janvier 2007. Et de 661 euros pour une personne seule avec un enfant ou un couple sans enfant.

De manière générale, les travailleurs à temps partiel « imposé à l'embauche » appartiennent à des ménages disposant de faibles revenus : pour 41 % d'entre eux, le revenu global est inférieur à 1 500 euros, ce qui est le cas de 13 % des temps partiels « choisis pour les enfants » et de 19 % des temps complets. Car il faut distinguer deux logiques sociales fondamentalement différentes qui mènent au temps partiel. La première, devenue minoritaire, est celle du « travail à temps réduit », c'est-à-dire d'une transformation du contrat de travail du temps plein vers le temps partiel à l'initiative du salarié. Il s'agit là d'un aménagement du temps de travail volontaire et réversible. Les statisticiens parlent de « temps partiel choisi » (« pour les enfants », ou « pour d'autres raisons »). La seconde est celle de l'« emploi partiel », c'est-à-dire des créations d'emploi à temps partiel à l'initiative de l'employeur, en dehors ou contre la volonté des salariés. On parle alors de « temps partiel imposé à l'embauche ». En 1998, 7 temps partiels sur 10 étaient « imposés à l'embauche ». Pour autant, certains salariés recrutés de la sorte ne souhaitent pas travailler davantage. La même année, au total, 4 salariés à temps partiel sur 10 souhaitaient travailler plus longtemps. On parle alors de « temps partiel contraint ».

Plus précisément, 4 salariés à temps partiel sur 10 se sont vu imposer à la fois le temps partiel en tant que forme d'emploi et la répartition de leurs horaires[36]. À l'opposé, pour 3 sur 10, le temps partiel représente une véritable forme d'aménagement du temps de travail : ils ont pu choisir de travailler à temps partiel, et décider de la répartition de leurs heures de travail. En outre, un tiers des salariés à temps partiel « imposé à l'embauche » ont des durées de travail différentes d'un mois à l'autre, et un tiers connaissent leurs horaires moins d'un mois à l'avance[37]. Moins de la moitié des salariés à temps partiel « imposé à l'embauche » peuvent choisir les dates de leurs vacances, et 17 % peuvent s'absenter du travail sans difficulté. De même, les femmes embauchées à temps partiel effectuent plus souvent des heures complémentaires que les autres femmes à temps partiel ; elles en font aussi plus que les femmes à temps complet ne font d'heures supplémentaires.

« Plus encore que l'élasticité du temps de travail, c'est surtout son aspect aléatoire ou peu anticipé qui devient un casse-tête quasi insurmontable [pour les salariés] », constate l'Anact, l'Agence nationale pour l'amélioration des conditions de travail[38]. Or, la perturbation de l'équilibre personnel a des conséquences sur l'entreprise, qui accueille, dans ce cas, des salariés moins investis et moins disponibles pendant leur temps de travail. Selon une étude réalisée par le Céreq, Centre d'études et de recherches sur les qualifications, auprès de salariés de l'hôtellerie-restauration, plus les plannings sont stables et connus à l'avance, plus ils sont facilement acceptés par les salariés qui peuvent prendre, si besoin est, des dispositions pour leur organisation personnelle. Plus les emplois du temps sont communiqués tôt aux salariés, moins l'employeur se trouve confronté à des problèmes d'absentéisme et de retards.

Au moins pourrait-on se dire que le temps partiel constitue un passage transitoire, un temps d'insertion pour des jeunes femmes peu qualifiées, puisque 4 salariés à temps partiel sur 10 ont moins de 35 ans. Pourtant, dans nombre de cas, ce temps partiel contraint perdure car il se situe dans des secteurs où il représente une forme de gestion permanente de la main-d'œuvre (commerce, nettoyage...). La probabilité de passage d'un emploi à temps partiel à un emploi à temps plein n'a cessé de se réduire pour ceux, et surtout pour celles, qui ont démarré leur carrière professionnelle par un emploi à temps partiel : une femme ayant débuté à temps partiel entre 1976 et 1980 avait 63 % de chances d'être employée à temps complet cinq ans plus tard, alors qu'elle n'en avait plus que 49 % en ayant débuté entre 1991 et 1992. De ce fait, la carrière salariale est limitée, les droits sociaux ouverts par l'emploi sont parfois inexistants (accès à la formation continue, complémentaire santé, compte d'épargne temps), ou faibles (retraite ou assurance chômage). Une question se pose à cette occasion : cette forme d'emploi ne va-t-elle pas creuser l'écart des retraites entre hommes et femmes ? Certes, le Code du travail précise que « les salariés à temps partiel qui souhaitent occuper ou reprendre un emploi à temps complet dans le même établissement ou, à défaut, dans la même entreprise, ont priorité pour l'attribution d'un emploi ressortissant de leur catégorie professionnelle ou d'un emploi équivalent ». Toutefois, il ne semble pas que cette possibilité soit fréquemment mise en œuvre[39].

Chez Ikea, dans le cadre de l'accord sur la révision de la durée du temps de travail et des minima sociaux signé en juillet 2007 par la direction et quatre organisations syndicales (CFDT, CFTC, CGC et FO), une mesure ambitieuse a été prise : elle vise à faire disparaître les « temps partiels subis » d'ici juin 2009 dans tous les magasins Ikea de France. Il faut dire que l'enseigne comptait 37 % de salariés à temps partiel en 2006, selon les chiffres du groupe. Et le turn-over de ces salariés avoisine les 35 %. Or, quand plus d'un tiers des salariés à temps partiel partent sur une année, il faut les remplacer, ce qui consomme du temps en formation, en intégration, finit par coûter cher et devient vite ingérable.

Les premiers efforts entrepris ont permis de passer à 31 % de salariés à temps partiel en 2007. Sur 90 offres d'emploi proposées sur le site Internet de recrutement d'Ikea début septembre 2007, près de 20 sont à temps partiel. Cinq magasins ont notamment expérimenté une formule destinée à fournir un temps complet à des salariés à temps partiel souhaitant travailler davantage : ceux-ci ont reçu une formation pour leur permettre d'exercer un autre métier, et de cumuler ainsi deux mi-temps dans le même magasin de telle sorte qu'ils travaillent 35 heures par semaine sur le même lieu. Ils peuvent par exemple travailler le matin à la réception ou à la logistique, et l'après-midi à la caisse ou en vente. Les résultats de l'expérience test doivent être analysés, avant d'envisager le moyen de généraliser la formule. Le recensement des employés à temps partiel désirant travailler plus doit d'abord être effectué. Ceux-ci seront ensuite prioritaires : le magasin doit pouvoir tout faire pour répondre à leur demande. Les risques et les écueils restent bien entendu nombreux : *quid* du candidat à l'embauche qui dira désirer le temps partiel proposé, faute de mieux, pour mettre un pied dans l'entreprise, avant de signaler, une fois en place, qu'il préférerait un temps complet ? Quel sera le salaire retenu pour rémunérer les deux métiers ? N'y a-t-il pas un risque de banalisation de la polyvalence et du double emploi, un risque

que la formule ne soit utilisée pour réduire les rémunérations ? L'affaire est à suivre. D'autres enseignes de la grande distribution recherchent également des moyens pour réduire le nombre de temps partiels subis. Quand certaines entreprises entreprennent de se « partager » un salarié, qui effectue ainsi un temps complet, en multipliant les employeurs. Toutefois, de telles expériences restent isolées, et ne concernent pas les particuliers ni les plus petites entreprises, qui emploient eux aussi des travailleurs à temps partiel. De manière générale, le sort de 17 % des actifs, dont 80 % de femmes, ne s'est guère imposé comme sujet de débat.

Quitte à mener à un paradoxe : selon les résultats de l'Enquête de la Fondation européenne pour l'amélioration des conditions de vie et de travail[40], les personnes occupant un temps partiel court déclarent qu'elles préféreraient travailler plus longtemps, et les personnes effectuant de longues durées de travail annoncent qu'elles préféreraient travailler moins longtemps.

28 Selon l'Anact (Agence nationale pour l'amélioration des conditions de travail), la polyvalence consiste à être affectable sur différents postes ou fonctions. La « polycompétence » consiste en la maîtrise réelle de ces postes et fonctions.

29 Dans ce système, l'ensemble de l'organisation doit être focalisé sur le client, pour satisfaire ses attentes et anticiper ses besoins futurs. Cela ne peut être obtenu que par une amélioration sans relâche des processus concourant à la réalisation des produits et services. Le manager doit y être « visionnaire », pour

établir, pratiquer et conduire une vision à long terme pour l'organisation. *Cf.* Jérôme Lérat-Pytlak, « Le passage d'une certification ISO 9001 à un management par la qualité totale », LIRHE, 2002.

30 *Sciences humaines*, n° 158, mars 2005.

31 Margaret Maruani, *Sociologie de l'emploi*, La Découverte, « Repères », 2004.

32 Gérard Filoche, *Carnet d'un inspecteur du travail*, *op. cit.*

33 Insee, Première, mai 2006, n° 1081.

34 « Le Smic : salaire minimum de croissance », CERC, La Documentation française Paris, 1999.

35 « Le travail à temps partiel en 2004 », document réalisé par la Dares et distribué à la Commission nationale de la négociation collective du 27 juin 2005.

36 Jennifer Bué, « Temps partiels des femmes : entre "choix" et contraintes », Dares, *Premières Synthèses*, n° 08.2, février 2002.

37 11 % des salariés ne connaissent leurs horaires qu'avec une semaine d'avance et même 5 % la veille pour le lendemain. Les travailleurs les moins qualifiés et les femmes sont les plus concernés par ces mesures de modulation du temps de travail. *Cf.* « La Sécurité de l'emploi. Face aux défis des transformations économiques », *Rapport n° 5*, La Documentation française, Paris, 2005.

38 Emmanuel Triby, *art. cit.*

39 « La Sécurité de l'emploi. Face aux défis des transformations économiques », *art. cit.*

40 François Michon, « Longues durées de travail, temps flexibles, temps contraints », *La Revue de l'Ires*, mars 2005, n° 49.

CHAPITRE 4

LA CHAMBRE EN VINGT-DEUX MINUTES !

« Nous sommes dans une société de pétanqueurs ! »
Jacques Barrot, président du groupe parlementaire UMP, 2002

La caméra de surveillance ne sert à rien. Elle est cassée. Quand la direction l'a installée, Jocelyn, un serveur du restaurant, est allé se renseigner. Pourquoi contrôler la salle de pause ? Parce que c'est également le lieu d'arrivée des livraisons, le seul espace ouvert sur l'extérieur de cette forteresse de dix étages. Aucune des baies vitrées du restaurant ne coulisse. Aucune des fenêtres des 121 chambres de l'hôtel ne s'ouvre, pas même celles des Privilège. C'est donc sur le « quai de livraison », garage sombre d'une quinzaine de mètres carrés au sol bitumé, que les employés de l'établissement quatre étoiles fument une cigarette, boivent un café, se reposent quelques minutes. Jocelyn, Hélène, du bar, et Alison, de la réception, se serrent sur deux bancs d'écoliers déglingués. Ils plaisantent, se charrient. Devant, à quelques mètres, le rideau de fer à moitié baissé laisse passer un rayon de soleil. Je m'approche pour en profiter. C'est le moment que choisit Mme Vernot, la responsable du service entretien, pour jeter un coup d'œil depuis le couloir : je suis en plein dans son champ de vision. Elle fonce.

– Mais c'est la Sécu ici ! lance-t-elle, me demandant de ne pas prendre de mauvaises habitudes, avant de tourner les talons de ses bottes en cuir lacées.

Je demande aux collègues quels sont les temps de repos autorisés dans la journée. Hélène parle de trois minutes par heure. Les autres ne savent pas. Dans le doute, mieux vaut se planquer, conseillent les habitués. C'est facile : les responsables ont un angle de vue limité depuis le couloir. Il suffit de se décaler légèrement sur la droite, ni vu ni connu. Bien sûr, ça oblige à se rapprocher des bennes à ordures... Le quai sert en effet également de local à poubelles. Jocelyn fait rire la galerie en ouvrant l'une des trois bennes :

– Respirez le bon air frais, la lavande...

Ça pue. Mais ce qui choque le plus le serveur, c'est que les victuailles transitent par ici. Vivement la pause repas.

Après la cafét, je consulte pour le troisième mois de reportage les offres dans l'hôtellerie et l'entretien. C'est alors que je tombe sur une annonce ANPE pour un poste de « valet/femme de chambre » à temps plein dans un hôtel « haut de gamme », le Crowne Plaza, qui appartient à un groupe hôtelier du Nord. J'envoie un CV par Internet. La responsable du service entretien rappelle immédiatement.

– Vous connaissez l'hôtellerie ? Vous travaillerez les week-ends et les jours fériés. Rester jusqu'à 22 heures vous pose problème ? Vous habitez dans Lille même ?

Nous convenons d'un rendez-vous. Mme Vernot me reçoit dans le hall de l'établissement, sur un vaste canapé en cuir, devant la baie vitrée. Elle a apporté un volumineux dossier qu'elle assure rempli de candidatures. Derrière, dans le sas d'entrée, les hommes en costume cravate se succèdent. La réceptionniste, tirée à quatre épingles, répond sans difficulté en anglais.

– Vous avez surtout travaillé dans la restauration, pas dans l'hôtellerie, fait remarquer Mme Vernot, la soixantaine, tout de noir vêtue. L'annonce demande une expérience d'un ou deux ans sur le même type de poste, vous savez...

Je m'invente un passage à la réception d'un petit hôtel, pour expliquer que je connais le secteur, mais je ne peux me targuer d'une expérience similaire, de crainte d'être démasquée dès le premier lit à border en un temps record.

– Et vous avez une licence... de quoi ?

– De philosophie

– Remarquez, j'ai tout intérêt à avoir du personnel qualifié, moi.

Derrière ses lunettes sous une frange droite, la responsable parle d'une voix claire et aimable.

– Si vous êtes retenue, vous serez employée d'étage.

Ce n'est pas exactement un poste de femme de chambre. L'employée d'étage s'occupe de nettoyer toutes les parties communes : les six W-C communs, dans le hall et au premier (toutes les deux heures), les couloirs des étages, les deux ascenseurs, le hall d'entrée, la salle de fitness, le *business center*, les couloirs des employés, leurs vestiaires, leurs toilettes et leur réfectoire.

Ça me paraît beaucoup, l'hôtel a l'air immense. Je prends des notes pour ne rien oublier.

– Il faut être autonome, savoir quand nettoyer les ascenseurs ; prendre l'initiative, les jours plus calmes, d'aspirer les couloirs ; recharger tous les jours les lingeries des étages. Parce qu'il faudra vous occuper également du linge, propre et sale, des chambres, qui ne sont, heureusement pour vous, pas toutes occupées tous les jours. Mais ne vous inquiétez pas, vous allez trouver vos repères, prendre vos propres habitudes. Vous pouvez faire des remarques, des suggestions aussi. C'est vraiment à vous de créer votre poste.

Je disposerai pour ceci de neuf heures par jour, de 13 heures à 22 heures, dont une heure de repas, et ce cinq jours d'affilée (les congés tombent en semaine, à l'exception d'un week-end par mois). Dans le secteur des hôtels, cafés et restaurants, la durée conventionnelle de travail – faute d'accord sur les 35 heures – est de 39 heures par semaine, les quatre heures de plus étant majorées de 10 %. Pour un poste d'employée d'étage, le salaire mensuel frôle les 1 400 euros brut.

– Au fait, j'allais oublier. Il peut vous être demandé d'assurer le « service couverture ». On en fait de moins en moins, c'est un peu passé de mode, mais ça arrive quand même, ajoute Mme Vernot, l'air nostalgique. Tiens, par exemple, comment vous y prenez-vous pour un service couverture, vous ?

Je plisse les yeux. Dans ma tête, une image s'invite, que je ne parviens pas à chasser : je me vois portant une couverture, en laine bleue, à un client. Pas très chic, je dois me tromper.

– Hmmm. C'est-à-dire... ? Le service couverture, c'est bien quand on apporte des couv...

Mme Vernot sourit :

– Non, non, ce n'est pas ça. C'est un service que peuvent demander les clients quand ils partent dîner : il s'agit d'ouvrir le lit et de préparer rapidement la chambre avant la soirée.

Je suis confuse. Mme Vernot souhaite pourtant que je commence dans trois jours.

Je pars pour un CDI, avec un mois d'essai renouvelable une fois. Je m'étonne de pouvoir décrocher un contrat à durée indéterminée, tellement j'ai entendu répéter que l'espèce était en voie de disparition. En réalité, en 2005, on compte, parmi les actifs occupés, 64 % de CDI à temps complet (trois quarts des actifs, la moitié des actives), et 13 % de CDI à temps partiel. Le contrat à durée indéterminée reste la norme, concernant environ 9 salariés sur 10. Qui plus est, la durée moyenne d'un CDI s'est allongée en vingt ans : elle est passée de 8 ans et 5 mois en 1982 à 11 ans et 5 mois en 2006[41]. Outre un salaire régulier et prévisible, un emploi stable présente de nombreux avantages. Il permet d'accéder plus facilement à des crédits bancaires ou au logement, mais également à une mutuelle, à des centrales d'achat, des vacances à tarif avantageux, des assurances, des prêts immobiliers, etc.

Pourtant, même en CDI, à temps plein, le travail peut se révéler difficilement tenable. Le sociologue Serge Paugam estime ainsi que la précarité professionnelle se définit également sous l'angle de l'insatisfaction au travail. Selon cette définition, un salarié est précaire lorsque son travail lui semble sans intérêt, mal rétribué et faiblement reconnu dans l'entreprise. Pour le salarié en question, ce n'est pas d'avoir un emploi qui pose problème, mais d'y trouver un certain épanouissement. Or, si l'activité professionnelle ne donne pas satisfaction dans ces cas-là, c'est parce qu'elle implique des souffrances physiques – lorsque les conditions de travail son pénibles – ou morales – quand l'ambiance dans l'entreprise est tendue, les relations avec les supérieurs et les collègues mauvaises. Les nouvelles organisations du travail, censées apporter plus de motifs de satisfaction aux travailleurs, en raison notamment de l'autonomie plus grande qui leur est conférée, mènent parfois au résultat opposé. Certes, reconnaît Serge Paugam, la plupart des salariés sont aujourd'hui dans une meilleure situation, disposant de plus de liberté d'initiative dans un travail qui, ainsi, leur appartient davantage. Toutefois, cette autonomie plus grande s'accompagne d'une pression plus forte sur les contraintes de temps et de qualité. Conséquence : le risque de dévalorisation des salariés les moins compétitifs augmente. De même, l'individualisation des responsabilités entraîne le risque pour le salarié de se sentir personnellement discrédité.

Par ailleurs, le surcroît de responsabilité n'est pas toujours reconnu par un meilleur salaire. Les mauvaises conditions de travail, quant à elles, ne sont pas non plus toujours compensées par des primes et des avantages supplémentaires[42].

À l'hôtel, il est difficile de déterminer quelle organisation du travail a été retenue. Le flou le plus total règne. L'autonomie prônée par Mme Vernot lors de l'entretien d'embauche s'avère rapidement nécessiter des qualités que je n'ai pas, comme la possession de plusieurs paires de bras, la faculté d'arrêter le temps pour éviter qu'il ne file, ou encore le pouvoir d'empêcher la poussière de s'accumuler. Le travail d'équipe n'est nullement encouragé. Mais rien n'est chronométré non plus. Ce n'est pas le même geste qui est répété à un rythme infernal toute la journée. Non, c'est plutôt une multitude de gestes qui sont répétés à longueur de temps en courant. Je découvre un subtil alliage de polyvalence forcenée et de taylorisme improvisé.

La première semaine, je suis en formation avec Véronique, l'employée d'étage que je remplace. Cette grande femme mince, à qui le catogan donne des airs de jeune fille malgré ses 46 ans, démissionne après un an à l'hôtel en CDI, préférant travailler auprès d'enfants, comme elle l'a fait auparavant. Ici, elle n'en peut plus. Du travail, de l'ambiance, de tout. Avant son embauche, raconte-t-elle, deux jeunes femmes ont abandonné le poste après quelques jours d'essai. Elles n'ont pas tenu la cadence des interminables journées.

À 13 heures, nous commençons par les toilettes. Astiquer les porte-papier, les poubelles, les robinets en chrome. Frotter les miroirs qui surplombent les lavabos, quitte à sautiller pour atteindre le haut. Plier le papier toilette qui dépasse, en pointe, pour faire joli. Avant de s'attaquer aux lunettes des W-C. Nous sommes censées « nettoyer du propre », comme l'indique la responsable de l'entretien. Autrement dit, nous devons passer suffisamment souvent pour que les toilettes restent impeccables. Malheureusement, « ici, c'est un hôtel quatre étoiles, mais tous les clients ne sont pas quatre étoiles », remarque élégamment Véronique. D'autres sont au contraire fort tatillons. L'assistante de la gouvernante générale, Malika, nous convoque dès les premiers jours aux W-C du premier étage. Elle nous vouvoie, comme à son habitude. Une cliente a signalé à l'accueil que l'une des deux cabines était sale. Malédiction. Nous nous armons chacune de gants et chiffons, avançons prudemment vers la cuvette, nous serrant pour pouvoir tenir à trois dans la cabine, scrutant désespérément l'émail blanc. Nous nous penchons un peu plus. La trace est microscopique. Malika, toujours courtoise et droite dans son tailleur noir, rigole doucement.

Mais il ne s'agit pas de se laisser distraire. Nous n'avons pas le temps. Véronique doit m'expliquer les techniques de nettoyage, ainsi que les usages des produits d'entretien. Le jaune sert à désinfecter les toilettes et lustrer les chromes, le rouge à nettoyer les tâches résistantes, le bleu les vitres et les miroirs. Véronique essaie d'économiser les produits quand elle le peut, c'est sa contribution à la protection de l'environnement. La direction partage sa préoccupation, pour des raisons financières. Alors, nous frottons. Et nous trottons, d'un W-C à l'autre, prenant garde à bien laisser stationner notre chariot à moitié cassé à l'abri des regards. Nous-mêmes devons au maximum rester discrètes. Les couloirs de service sont faits pour ça, comme l'ascenseur et les escaliers de service. Deux mondes parallèles se côtoient sans beaucoup se croiser finalement. Nous nettoyons hall, *business center*, salle de fitness et couloirs quand les clients sont en vadrouille. Cela occupe les deux premières heures. C'est évidemment à ce moment-là que le directeur nous demande de passer l'aspirateur dans son bureau, d'épousseter ses meubles et de vider ses poubelles. C'est inclus dans nos missions, mais cela nous fait prendre du retard sur notre planning qui, lui, ne mentionne pas ce type d'extras. Comme de passer l'aspirateur dans les bureaux des commerciaux. Tant qu'on est là. Ou de descendre les poubelles de la responsable du service. Puisqu'on descend. En théorie, toutefois, je dispose de plus de temps puisque je partage les tâches avec l'autre employée d'étage, qui travaille le matin. En réalité, avec les journées de pause de chacune, nous ne nous croisons que deux jours par semaine. Le reste du temps, chacune se retrouve seule pour tout faire.

Dès 15 heures, il faut d'ailleurs songer à monter dans les étages, pour s'occuper du linge de la centaine de chambres. Nous devons fermer les ballots de draps et serviettes sales – remplis par les femmes de chambre –, les porter sur l'épaule ou sur le dos et les empiler sur un haut chariot en fer, qui se descend ensuite dans l'ascenseur de service. Puis répéter l'opération sur les dix étages, pour remplir quatre ou cinq chariots au total. Il s'agit ensuite de monter les véhicules rapportés par le blanchisseur et qui contiennent le linge propre, à répartir équitablement dans les dix « lingeries ». Taies d'oreiller, draps une place, draps deux places, draps *king size*, peignoirs, serviettes de toutes tailles, par paquet de cinq ou dix. Les trois heures passent trop vite, nous n'arrêtons pas un instant. De toute façon, en travaillant dans ces couloirs ouverts à tout vent, il s'avère impossible de s'octroyer un bref répit. J'aurais besoin de reprendre mon souffle dix minutes, je sens une baisse de forme. Véronique m'accompagnerait volontiers. Ses derniers jours à l'hôtel lui paraissent particulièrement longs. Mais où s'asseoir ? Sur les marches de l'escalier de service ? Pour quoi faire ? Discuter, accoudées sur un ballot de linge ? Dégainer le téléphone portable pour passer un appel personnel ? Il n'en est pas question. N'importe qui pourrait nous voir et trouver que nous exagérons. Il n'y a pas un endroit pour se soustraire au regard des collègues. Dans un bureau, au moins, il est toujours possible de répondre de temps en temps à un mail personnel, de se balader quelques minutes sur le Net pour se détendre, de passer un appel privé, voire de discuter, bref de maîtriser un minimum son emploi du temps, en fonction de son rythme. Dans les étages, en revanche, une telle préoccupation paraît déplacée. Et la lecture de magazines féminins, le soir, au Foyer, devient vite absurde. « Restez à l'écoute de votre rythme naturel », « Les vertus de la sieste »,

« Santé : ne forcez pas », « Régime : mangez quand la faim vient ». Et comment fait-on quand la pause déjeuner vient à 14 heures, comme chez Safig, à 11 heures comme chez Ikea, ou la pause dîner à 18 heures, comme à l'hôtel ? Difficile de « rester à l'écoute » de soi-même.

Quand un client part après l'heure officielle du *check-out*, c'est à l'employée d'étage de refaire la chambre, puisque les femmes de chambre ont terminé leur service. Dans la Suite, au dernier étage, avec baie vitrée et vue sur la ville, le client retardataire débourse 150 euros par heure supplémentaire. Un jour, c'est un rappeur américain qui souhaite se reposer une partie de l'après-midi. Les musiciens, eux, ont dû quitter leur chambre à midi pile. Depuis, ils attendent dans les canapés en cuir de l'accueil, la visière de la casquette sur l'oreille, l'air de trouver le temps long. Les grands gaillards en baggy patientent sagement. Tandis que débarquent dans l'après-midi, par cars entiers, les participants à une cérémonie officielle de commémoration qui doit se tenir ce week-end dans la région. Ce sont des vétérans canadiens. Ils sont venus dans leur tenue militaire, la veste rouge, les bottes remontées sur un pantalon bouffant, et défilent d'un pas rigoureux devant les rappeurs affalés. Enfin, le chanteur se décide à quitter les lieux. Nous avons une heure pour refaire la chambre. Ce soir, la Suite est louée à un couple qui fête quarante années de mariage. Il faudra penser à apporter une corbeille de fruits frais. Dans la chambre, plus un cheveu ne doit traîner dans les 50 m^2. La responsable de l'entretien et l'assistante de la gouvernante générale arrivent en renfort. C'est la course. Leurs gestes sont d'une précision et d'une rapidité incroyables. Rien n'est laissé au hasard : les coins du lit *king size* au carré, les dix serviettes de toutes tailles à leur place, le miroir surplombant les lavabos sans une goutte d'eau, la douche et la baignoire comme neuves, les toilettes reluisantes, la moquette impeccable, pas un pli sur les tapis, et toutes les poubelles vidées. En vingt minutes, la chambre se métamorphose entre leurs mains. Seulement, un obstacle de taille demeure. Pour se reposer plus profondément, le chanteur a de toute évidence fumé un grand nombre de joints. L'odeur s'est incrustée dans les moindres recoins. Pas une fenêtre du bunker ne s'ouvre. Et les sexagénaires arrivent maintenant dans vingt-cinq minutes. Il ne reste qu'une solution : le désodorisant à haute dose. Désormais, c'est l'asphyxie plus que l'euphorie que risquent les tourtereaux. Pour terminer, Malika me montre comment plier les peignoirs à disposer sur le lit, en glissant les chaussons en éponge dans une manche. La chambre est enfin prête. Les visiteurs arrivent dans dix minutes. Demain, il faudra refaire la Suite en fin de journée pour une tête couronnée venue de Scandinavie. Son majordome a envoyé un message électronique pour demander des couvertures en laine, des fruits bios, et des fenêtres qui s'ouvrent. Ça risque d'être difficile. La semaine prochaine, c'est une star de la chanson française qui dort dans le même lit. Nous avons pour consigne d'enlever toutes les sucreries du minibar, pour lui éviter les tentations. D'habitude, c'est plutôt l'alcool. Nous devrons également éviter tout dérangement durant l'après-midi. Entendu. 18 heures approchent. Avant de descendre dîner, nous nettoyons à nouveau les toilettes, et la salle de fitness puisqu'elle a été utilisée.

L'heure du repas est toujours bienvenue. Ou plutôt la demi-heure de repas, car tout le monde disparaît à peine l'assiette terminée. Là encore personne ne peut m'indiquer quelle est la durée exacte de la pause. Nous sommes entre cinq et dix employés à dîner au même moment, parfois dans un silence monacal. Les journaux gratuits traînent sur la table, nous les feuilletons. La campagne présidentielle a débuté, nous sommes au mois de mars 2007. Nous en discutons vaguement. Augmenter le Smic ? Bof, ça pénaliserait ceux qui gagnent juste un peu plus. Détaxer les heures supplémentaires pour en baisser le coût ? Encore une arnaque puisque c'est le patron qui décidera toujours en fin de compte si et quand il a besoin d'heures supplémentaires. Les 35 heures dans l'hôtellerie-restauration ? À condition de garder le même salaire, parce que la vie est devenue vraiment chère. De toute façon, cela paraît trop compliqué à mettre en place. Et puis les patrons n'en profiteraient pas pour embaucher, ils donneraient encore plus de travail à chaque employé.

Les journées à rallonge sont apparemment un grand classique dans le secteur. Les serveurs et les cuisiniers n'en finissent pas de raconter de précédentes expériences aux horaires alourdis et peu pratiques. Ils ne comptent plus les fermetures tard en soirée, les astreintes le samedi, le dimanche et durant les fêtes. Dans l'hôtellerie-restauration, 61 % des actifs travaillent le dimanche, et 22 % la nuit, quand cela concerne 29 % et 15 % des actifs de la population générale. Plus d'un tiers des actifs du secteur travaillent plus de 40 heures par semaine, et près de la moitié ont des journées de plus de dix heures[43]. Sans parler des « coupures », entre les services du midi et du soir : les quelques heures laissent à peine le temps de rentrer chez soi, quand elles ne sont pas passées à la laverie automatique, à regarder tourner dans la machine la tenue de travail. Certes, la durée annuelle du travail ne cesse de diminuer en France, et les Français travaillent désormais moins, en moyenne, sur l'année, que les Américains, les Coréens, les Japonais ou les Britanniques (et plus que les Allemands, les Suédois ou les Norvégiens)[44]. Mais la moyenne masque des situations extrêmes : les ouvriers du bâtiment travaillent aujourd'hui encore jusqu'à 45 ou 55 heures par semaine, les routiers et les chauffeurs dans les transports 56 ou 65 heures, les techniciens de surface dans le nettoyage 50 ou 60 heures, et les cadres près de 45 heures[45]. Au total, en France, 2 actifs sur 10 travaillent plus de 40 heures par semaine et près de 3 sur 10 ont des journées de plus de dix heures[46].

La pratique des heures supplémentaires tend en effet à s'élargir : 37 % des salariés à temps complet en ont effectué au moins une fois au cours de l'année, contre 32 % en 2003 et 28 % en 2002[47]. Surtout, plus de la moitié des salariés français déclarent faire des heures supplémentaires non payées. Pour 4 salariés sur 10, la pratique est courante (plus d'une fois par semaine)[48]. D'après Gérard Filoche, auteur de *Carnet d'un inspecteur du travail*, « 9 plaintes sur 10 à l'inspection du travail concernent les heures supplémentaires non payées[49] ». Et c'est dans la restauration que les heures supplémentaires sont parmi les plus nombreuses. Résultat : « Le secteur est si mal famé, si mal payé, tellement exploité, qu'il a du mal à trouver des jeunes, à stabiliser son personnel, d'où une pénurie de main-d'œuvre. Il manque 60 000 à 70 000 jeunes dans la branche, un tiers de ceux qui sont formés refusant la dureté des conditions de travail alliées à un bas salaire[50]. »

Après le dîner, reste, pour Véronique et moi, trois heures à travailler. La responsable est rentrée chez elle. Son bureau est à nous. Nous pouvons nous y asseoir, vérifier les emplois du temps pour la semaine à venir. La nuit tombe. L'hôtel s'assoupit dans une lumière diffuse. Les pas se font feutrés sur les moquettes. Les clients rentrent discrètement, nous ne les voyons pas passer. Derrière les portes, les télévisions monologuent dans toutes les langues. Durant deux heures, nous montons dans chaque lingerie les « produits d'accueil » qui seront ensuite distribués dans les minibars et les salles de bains par les femmes de chambre : biscuits, chips, canettes, kit couture, shampoing, savons, etc. Le chariot en plastique blanc est neuf. Les produits ne sont pas trop lourds. Les efforts sont limités. J'ai un talkie-walkie à la ceinture. Quand un client appelle la réception, celle-ci nous transmet la demande. Un homme d'affaires ne parvient pas à faire fonctionner la douche. Je ne l'ai jamais moi-même utilisée, mais je me rends en chambre 301.

– Service d'étage !

Le client me reçoit en peignoir. Nous nous dirigeons vers la salle de bains. Je trouve rapidement le poussoir qui déclenche la douche, c'est un modèle classique.

Le client me remercie. Les premiers temps, je répondais « de rien », ou « je vous en prie », mais, ici, on obtempère d'un « à votre service ».

Un couple d'Anglais, chambre 423, demande une tasse pour le thé. Un autre client ne parvient pas à fermer le coffre-fort. Trois étages plus haut, il faut un kit rasage. À côté, c'est un shampoing de plus qui est demandé. Tant que ce n'est pas un lit supplémentaire ou un lit bébé, ça me va. Dans ces cas-là, il faut se rendre dans une remise du rez-de-chaussée, d'où extirper les lits grinçants, avant de les monter et de les déplier dans les couloirs de service. Nous ne disposons que de couvertures en laine de lit simple, même pour les petits lits bébé. Il faut alors les plier en huit. Elles ne sont même pas lavées à chaque utilisation. Je me demande si les clients s'en rendent compte.

La dernière heure arrive et ce n'est pas la plus agréable. Il s'agit de laver et de nettoyer le réfectoire des employés, leurs vestiaires et leurs toilettes. Nous savons ce soir que la table du réfectoire ne sera guère propre. L'un des serveurs a renversé une partie de son assiette.

– Laisse, c'est Véronique qui ramassera, a conseillé son voisin, sur le ton de la plaisanterie.

Ça n'a pas du tout fait rire Véronique. Pas plus que les encouragements d'un collègue bienveillant qui, nous voyant laver le sol de la cantine, lance :

– Et que ça brille !

Dans les vestiaires, certains collègues ôtent leurs chaussures ou montent sur la pointe des pieds quand ils découvrent le sol humide de produit d'entretien. D'autres y impriment sans réfléchir leurs semelles sales. Alors même que nous venons de dîner, de discuter, de plaisanter ensemble. C'est ce qui horripile le plus Véronique. Elle a même confectionné une pancarte pour demander de viser correctement la poubelle, près du lavabo, ou, au moins, de consentir à se baisser pour ramasser les essuie-mains tombés par terre et de rectifier le tir. Une flèche ironique indique la direction de la cible.

22 heures sonnent enfin. Véronique annonce que nous partons. Elle tient quand même à monter des tapis de bain au 2e étage, et à passer voir « le fitness ». Elle ne peut pas s'en empêcher. Pourtant, si la salle de sport a été utilisée en soirée, nous sommes bonnes pour rester vingt minutes, voire une demi-heure de plus. Lorsqu'elle a commencé, Véronique travaillait souvent jusqu'à 23 heures, pour tout terminer. Sans compensation, évidemment. Et même si ces horaires ne l'arrangent pas du tout. Elle a d'ailleurs postulé quand l'assistante de la gouvernante générale a quitté le service, pour la remplacer. Véronique n'était pas motivée par les 50 euros de plus sur la fiche de paie, mais par un emploi du temps plus compatible avec une vie de famille. Pourtant, la direction a préféré qu'elle garde sa place, et recruter une candidate extérieure.

– Remarque, je me plains, mais c'est pire pour les femmes de chambre, commente Véronique. Elles ont vingt-deux minutes pour faire une chambre. Et le temps passé en supplément n'est pas payé. Certaines sont lentes, elles restent des heures en plus.

Vers 22 h 30, nous quittons la forteresse quatre étoiles. En partant, nous saluons le « night », le veilleur de nuit. Il reste seul gardien des 121 chambres endormies.

Nous abandonnons l'air conditionné. J'aspire, avec plaisir, une grande bouffée de vent frais.

– Vite, viens voir !

L'assistante de la gouvernante générale m'entraîne vers le bureau de la responsable du service. Leïla, l'employée d'étage du matin, nous suit. Elles essaient de ne pas rire trop haut.

– C'est Claire, la femme de chambre... Elle s'est fait tomber la planche à repasser sur le pied...

Nous accélérons le pas.

– Il faut toujours qu'il lui arrive quelque chose à celle-là, confie Malika à voix basse. C'est systématique. Ça doit être une manière d'attirer l'attention sur elle.

Nous poussons doucement la porte du bureau de Mme Vernot, au premier étage. C'est un cagibi en longueur. Tout au fond, sous la fenêtre, l'imposante responsable trône, les mains posées sur sa petite table. On dirait qu'elle va nous lire l'avenir, au milieu des palettes de canettes, des caisses de produits d'accueil et des cartons d'objets oubliés. Le passage est étroit, qui mène à la chaise face à elle. Là, Claire a posé son pied nu. Il a doublé de volume.

– J'aurais préféré que ça tombe sur l'autre pied, grimace la jeune femme. J'ai une broche à l'intérieur de celui-là.

Malika demande qui peut venir la chercher pour la raccompagner chez elle.

– Ma sœur. Vous devez avoir son numéro quelque part, elle a travaillé ici comme femme de chambre il y a quelques années.

Malika passe le coup de fil. Avant de s'enquérir, soudain inquiète :

– Combien de chambres vous restait-il à faire ?

– Deux, une recouche et une arrivée.

Nous repartons dans les étages.

– C'est Claire qui s'était déjà coupée avec une étagère de la lingerie, m'explique Leïla. On avait dû l'asseoir en bas, sur une chaise. Elle tombait dans les pommes à la vue du sang...

J'arrive tous les jours à l'hôtel vers 12 h 50. Entre les casiers bleu métallique des vestiaires, sous les néons, je passe la chemisette grise, la jupe droite noire, le tablier gris cerné de noir, qui cache une poche bien pratique pour transporter clés, produits et montre. J'enfile un collant, qui peut être noir ou couleur chair. Véronique a une raison de plus pour démissionner : le collant a fini par lui irriter la peau, par plaques. Malika, elle, c'est en fin de journée qu'elle le maudit. Les jambes gonflent, à force de rester debout, et le collant se met à serrer douloureusement.

Le choix des chaussures s'avère donc primordial. Malika porte des escarpins à talons carrés, elle s'y sent mieux. Véronique utilise ses ballerines noires à boucle. Faute de mieux. Les femmes de chambre chaussent des sandales vendues en pharmacie. Peu importe leur tenue : elles doivent rester les invisibles de l'hôtel. Elles ne font même pas partie de la hiérarchie de l'établissement, c'est une entreprise sous-traitante qui les fait travailler, et leur annonce leur emploi du temps chaque jour pour le lendemain. Elles n'ont aucun contact avec les autres services, et peu avec les clients. Les employées d'étage, en revanche, si elles doivent rester discrètes, sont davantage visibles, nettoyant le hall d'entrée, apportant des kits rasage aux clients. Leur mission serait plutôt de se fondre avec les murs. Alors elles portent des chaussures noires, fines, sans logo. J'obtiens de Mme Vernot l'autorisation de chausser de discrètes baskets, les modèles en cuir me faisant trop mal les premiers jours. Apparemment, j'ai de la chance. Un collègue me conseille toutefois de cacher mes pieds quand je croise le directeur. Parce que celui-ci a une idée bien précise de ce que doit porter le personnel. En ce moment, d'ailleurs, il réfléchit à de nouvelles tenues. Des catalogues professionnels circulent. Pour le personnel d'étage, il y aurait une jolie tenue à col Mao et pantalon, noire avec un liséré rouge, sans doute plus confortable. Mais le directeur préfère les jupes pour les filles, expliquent les collègues. Question de présentation. Côté pratique, en revanche, c'est moins convaincant. Pousser de lourds et hauts chariots métalliques, les faire entrer dans l'ascenseur, se glisser le long de la paroi, faire et défaire des lits de camp en guise de lit supplémentaire, le tout sans filer un collant par jour, relève de la prouesse. Se pencher, passer l'aspirateur, laver les sols, s'agenouiller devant les W-C, porter des sacs de draps, courir, se dépêcher dans une jupe étroite, n'est guère plus facile. La jupe droite et son petit tablier feraient-ils davantage fantasmer le client en voyage d'affaires ? Cela se peut, mais il serait étonnant que la direction s'intéresse à ce point au bien-être des clients. Ce n'est pas dans ses habitudes. Sinon, comment expliquer qu'on laisse des draps élimés, des couvre-lits troués, ces moquettes vieillies, ou encore ces lettrines arrachées et jamais remplacées dans les couloirs, quitte à finir par indiquer la direction du « estaurant », ou du « fitn ss » ?

Il faut pourtant bien les épousseter, ces lettrines restantes, pour conserver un semblant de standing. Pendant que je m'y attelle, Leïla frotte les plinthes. Aujourd'hui, pour ma première journée sans Véronique, nous nous croisons durant deux heures et nous en profitons pour nous attaquer ensemble aux tâches qui sont régulièrement repoussées à plus tard. C'est plus motivant, et plus sympathique. Mais Leïla a mal au poignet. Ce n'est pas nouveau, seulement c'est de plus en plus douloureux.

– À 28 ans, je me sens comme une vieille, confie-t-elle, penchée pour nettoyer une poubelle.

– Physiquement, tu veux dire ?

Leïla s'arrête, réfléchit, avant d'assener :

– Moralement aussi.

Et de se remettre à agiter le bras. Chez Véronique, ce sont les cervicales qui ont trinqué, à force de porter les ballots de linge sur l'épaule. Durant son année à l'hôtel, cela lui a valu deux congés maladie. Elle espère qu'en quittant le poste, les douleurs disparaîtront.

Elle espère également se débarrasser des bleus, bosses, égratignures, coupures et incisions en tout genre récoltés à longueur de journées. Dans les couloirs du rez-de-chaussée où se croisent tables roulantes, cartons, plateaux-repas, serveurs qui courent, dans l'ascenseur toujours trop étroit, dans l'embrasure des portes qu'il faut caler, c'est un bras, une jambe, un buste qui font tampon, et qui amortissent les chocs. Dans les lingeries, les mains chargées, on se fraie un chemin comme on peut. Les portes se referment automatiquement. Comment attraper les peignoirs sur la dernière étagère ? On escalade. Mais il faut veiller à ne pas perdre l'équilibre, pour ne pas risquer d'avoir à se rattraper à n'importe quoi. Car les arêtes sont tranchantes, surtout en haut, où rien ne recouvre les pointes métalliques. C'est ainsi que Claire s'est coupé le doigt. Les lingeries sont tout simplement trop petites par rapport à la capacité d'accueil de l'hôtel. Les draps s'entassent dangereusement. Les chariots sont trop grands pour passer le seuil. On se croirait dans une mauvaise version d'*Alice au pays des merveilles*. Les murs semblent avoir rétréci.

Pendant que le chariot devient grand, immense, trop grand. Surtout, il se manie difficilement. Au début, je me demandais pourquoi Véronique l'utilisait malgré tout sans arrêt, plutôt que de porter dans les bras les charges les plus légères. Je m'étonnais également qu'elle prenne toujours l'ascenseur, même pour descendre d'un étage. Et puis moi aussi je m'y mets. Au bout d'un moment, je renonce à porter quoi que ce soit si ce n'est pas nécessaire, à me baisser, à monter ou descendre un étage à pied, bref à varier les tâches, car cela implique de réfléchir, de risquer de faire tomber ce que je porte, et finalement de perdre du temps. Je me mets en mode automatique. J'apprends à braquer, à reculer, à anticiper les changements de trajectoire du capricieux véhicule, qui dispose de la direction insistée plus qu'assistée, comme dirait Véronique. Quand le chariot ne veut pas tourner à droite, il ne sert à rien de persévérer, il suffit de le faire tourner sur lui-même pour repartir. J'apprends le langage du chariot. Comme j'apprends le langage des portes de lingerie. Attendre trois secondes au 3ᵉ étage, avant d'appuyer sur la poignée. Bien refermer au 6ᵉ, car la porte ne se claque plus toute seule. Insister au 7ᵉ, ne pas attendre au 4ᵉ...

Au fait, suis-je bien passée au 8ᵉ ? J'ai un doute. Où ai-je laissé le troisième chariot ? Au 7ᵉ, non ? Je parcours les derniers étages, pour finir par le trouver. Je remarque au passage un sac-poubelle que j'ai oublié dans un coin. Je croyais les avoir tous descendus. Mais les étages se ressemblent. Il y a peu de points de repère. Je confonds peut-être aussi les jours. C'est bien aujourd'hui qu'il faut monter les draps *king size* au 10ᵉ, l'étage des grands lits ? Je m'y attelle, avant de m'apercevoir que je suis au 9ᵉ. Quand je m'en rends compte, il faut tout déplacer. Au 3ᵉ, j'ai oublié de laisser plus de carrés en éponge. Il faut y retourner. Si seulement nous pouvions savoir combien de draps de chaque dimension doivent être montés dans chaque lingerie, combien de canettes de bière doivent être remplacées au total, cela nous aiderait. L'idéal serait de connaître exactement les quantités à apporter, plutôt que d'y aller en tâtonnant, en montant tantôt plus au cas où, tantôt moins, ce qui oblige à redescendre encore une fois. Il serait possible d'organiser, de rationaliser la gestion des stocks. Sans parler d'informatisation, quelques tableaux imprimés et expliqués feraient l'affaire. Mais non, ce serait trop simple. Tout le monde s'en moque. Il faut improviser chaque jour. Et qui dit improvisation dit perte de temps, et d'énergie.

En réalité, l'organisation est insuffisante. Et l'établissement manque clairement de personnel. Les employés effectuent plus que leur travail pour compenser. En outre, ni les chambres, ni les couloirs, ni les lingeries n'ont été conçus en tenant compte des contraintes de nettoyage. Certains collègues rêveraient d'un hôtel dans lequel les architectes et les designers dresseraient les plans sur les conseils de ceux qui y travaillent. Ils pourraient choisir des matières, des meubles et des bibelots faciles – donc rapides – à nettoyer, des plateaux-repas légers à porter, des espaces propices aux déplacements et aux croisements.

Ergonomie ? Feuille de route ? Organisation du travail ? Gestion de l'espace ? Ici, rien n'a été pensé pour le salarié. Celui-ci est toujours de trop. Les clients ne valent guère mieux. Là n'est pas la préoccupation. De toute façon, l'hôtel compte peu d'habitués. Le risque de les décevoir s'en trouve réduit. Les collègues ont une explication : l'hôtel appartient maintenant à des investisseurs. Leur but est de réaliser des économies à tous les niveaux. Ce qui importe, c'est de remplir les chambres, pas de fidéliser la clientèle. En attendant la revente et la plus-value, on bricole.

– Cet hôtel de luxe, c'est comme un tailleur Chanel acheté chez Babou, m'explique un responsable. Vous connaissez Babou ?

– Non.

– C'est comme Tati. On reprise, on rapièce, on s'arrange tous ensemble pour faire tourner l'établissement, solidaires.

C'est un peu facile de compter sur la solidarité des employés. Quand bien même cela marcherait. Si Véronique tient tous les soirs à nettoyer la salle de fitness, même après 22 heures, c'est qu'elle sait que, si elle ne s'en occupe pas, ce sera à Leïla de le faire le lendemain matin en arrivant, et que ça lui fera perdre du temps à elle aussi. Or Véronique a sympathisé avec Leïla et si elle peut l'aider, elle le fait. Elle ne voudrait pas non plus que clients et collègues croient que c'est elle qui a mal nettoyé alors que c'était à Leïla de le faire. Véronique entend aussi pouvoir quitter l'hôtel avec le sentiment du travail accompli, et correctement accompli, plutôt que de laisser un établissement à moitié propre aux clients. La poussière qui traîne, ça se voit tout de suite. Beaucoup plus que tout le ménage qui a été effectué finalement. Véronique s'investit dans son travail, ce sont des choses qui arrivent. Et elle n'est pas la seule. D'autant moins que la plupart des employés ont l'habitude de l'hôtellerie, et qu'ils en ont une conception plus noble. Pour eux, c'est le service rendu aux clients, le confort proposé, la qualité offerte qui priment.

– Ici, ils n'ont pas l'âme hôtelière, déplorent certains.

Un jour, l'assistante de la gouvernante générale m'appelle, l'air excité. Elle a décoré la Suite, pour une nuit de noces. Elle veut me la montrer. Je la suis. La porte s'ouvre en grand. Malika a étalé des pétales de roses fraîches, de toutes les couleurs, en courbe sur la moquette jusqu'au lit, sur le couvre-lit, en forme de cœur, et autour de la baignoire, éclairée aux bougies. Je ne reconnais plus la chambre triste et impersonnelle de la veille. Malika adore faire ça. Ça se voit. L'assistante de la gouvernante générale sort de sa réserve habituelle, on dirait qu'elle revit. Elle maintient toutefois ses distances et le vouvoiement. Pour elle, le respect des clients passe par celui des employés. Une telle attitude n'est pourtant pas facile à mettre en œuvre à l'hôtel, où deux conceptions du métier s'affrontent.

C'est d'ailleurs ce qui paraît le plus choquer les collègues : le service proposé n'est pas digne d'un hôtel quatre étoiles. Les pauses évanouies et les heures supplémentaires non rémunérées semblent moins poser de problème, du moins dans le discours. Un soir, au repas, un serveur fait une remarque : il a relu la convention collective et, d'après le texte, les serveurs devraient avoir une bouteille d'eau en permanence à leur disposition, ce qui n'est pas le cas. Personne ne réagit. Jérôme n'insiste pas, et finit par dire que ce n'est pas grave, que c'est la vie finalement. C'est dans le réfectoire que les affiches syndicales sont accrochées[51]. Je désigne un tract, en demandant si les syndicats ne sont pas là justement pour s'occuper de ce genre de choses. Un silence pesant me répond. Jérôme roule de gros yeux. Une serveuse pouffe dans son assiette. Un autre me lance des regards décourageants. Jérôme me conseille de ne plus jamais prononcer ce mot, qu'en le formulant je me place sur un siège éjectable, que je vais me retrouver sur l'avenue dans deux secondes si je continue. Les collègues rigolent autour de la table.

– Je vais tout répéter au directeur et j'aurai une prime de dénonciation, plaisante à moitié Jérôme, avant de m'expliquer que la direction ne veut pas d'employés syndiqués, qu'elle les vire, ou trouve au moins des « arrangements » avec eux.

De toute façon, ici, c'est bien simple : c'est le directeur adjoint qui a été élu délégué du personnel[52].

Au moins, les plaintes ne risquent pas de s'évader, d'aller faire un tour dehors. Le contrôle reste interne, et à sens unique. La direction surveille à sa manière, avec ses propres moyens, artisanaux. Et puis, tout se répète. À une vitesse impressionnante. Un jour, en passant, Mme Vernot me glisse à l'oreille qu'elle sait que je suis arrivée « dix minutes en retard et en courant », qu'il faudra désormais être à l'heure.

– On ne pointe pas ici, mais tout se sait.

Amplifié et déformé. Alors, la méfiance règne. Chacun est sur la défensive. Les employés ont mis en place des détecteurs. Ils se communiquent les noms des mouchards. Sans se croiser, ils apprennent à deviner, et à voir venir. Ou plutôt à sentir et à entendre venir. Tel responsable s'asperge d'un parfum fort. Une autre fait claquer ses talons. Un collègue proche de la direction pousse un chariot grinçant. Attention, quand le signal approche, il faut doubler d'effort. Sinon...

Sinon quoi ? Quel est le risque ? Perdre son emploi ? La menace plane, peu difficile à manier sur un marché du travail saturé, avec un taux de chômage proche des 10 %, et particulièrement présent chez les actifs sans diplômes. Dans l'ascenseur, je croise Paul, l'un des plongeurs, qui se dirige vers les vestiaires. Je lui demande s'il a terminé sa journée. Il exhibe d'un geste dramatique son doigt enroulé dans un gros pansement. Il s'est coupé profondément avec une boîte de conserve dans une poubelle. Il s'en veut, il aurait dû bien la fermer avant de taper dessus pour qu'elle prenne moins de place, on le lui a toujours dit. Il voudrait revenir travailler dès la semaine prochaine, même si son doigt n'est pas cicatrisé. Il a mis cinq ans à trouver un emploi, ce n'est pas maintenant qu'il va le laisser filer.

Pour de nombreux collègues, travailler à l'hôtel constitue en soi une chance. Certains touchaient le RMI auparavant, avec lequel ils peinaient à vivre. D'autres n'en pouvaient plus des embauches saisonnières dans les restaurants de la région. Ici, au moins, ils sont en CDI. Même si, après des années à l'hôtel, ils n'ont pas décollé du Smic. Certains savent également qu'il est difficile de changer d'emploi. Cela constitue un risque, surtout dans l'hôtellerie-restauration, qui semble avoir pour habitude, à en croire les nombreuses expériences relatées, de congédier les candidats à la veille de la fin de la période d'essai. Écœuré par les pratiques du milieu, un serveur a carrément voulu changer de secteur, et tenter sa chance dans le télémarketing. Mais il n'a pas été retenu. Il a essayé le démarchage à domicile, mais il ne touchait même plus le Smic. Avec son diplôme d'école hôtelière, sa seule possibilité a été de revenir à la restauration. Une collègue voudrait, elle, de nouveau travailler comme caissière, c'était un métier qui lui plaisait beaucoup plus, mais les emplois du secteur ne sont plus qu'à temps partiel désormais. Dans les couloirs, je croise Brigitte, une femme de chambre d'une quarantaine d'années. Sa mère était femme de chambre, et sa fille aînée l'est également. Elle-même a débuté dans le nettoyage en milieu hospitalier, et elle aimerait y retourner. Elle trouvait plus utile de laver des chambres d'hôpital que celles d'un hôtel. Mais sa fille a traversé une crise, et Brigitte a dû s'arrêter de travailler. En reprenant son activité, elle n'a trouvé des propositions qu'en hôtellerie. Quand le poste d'employée d'étage s'est libéré, Corinne, une autre femme de chambre, plus jeune, a postulé. Cela lui permettait de quitter l'entreprise sous-traitante pour rejoindre l'hôtel, et d'échanger un temps partiel contre un temps complet de 39 heures. Corinne a de l'expérience dans le domaine, et connaît la maison. Mais elle a été jugée trop frêle. Je ne suis pourtant pas plus costaude qu'elle.

Christophe Dejours, professeur de psychologie au Conservateur national des arts et métiers[53], définit ces différentes attitudes – mélange de conscience professionnelle, de besoin de reconnaissance et de craintes – comme relevant du « zèle ». Pour lui, le zèle joue un rôle crucial dans les évolutions du monde du travail : c'est lui qui fait tenir le système, qui permet que les objectifs fixés soient atteints, même si les moyens nécessaires ne sont pas fournis. « Si, malgré les risques qu'elle engendre, la flexibilisation est tout de même passée dans les faits, c'est parce que, en dépit des grandes difficultés qu'elle introduit dans le travail, elle a pu être contrebalancée par le zèle des travailleurs et leurs efforts pour inventer de nouvelles modalités de travail dans un environnement humain et technique dégradé », estime-t-il.

Cette attitude n'est pourtant pas sans conséquence sur la santé des travailleurs. « Le zèle soulève de très nombreux problèmes cliniques et théoriques », relève le psychiatre. « Car il repose d'abord sur la formation d'une véritable intimité entre le corps et la matière à travailler, l'outil, ou bien encore l'objet technique à maîtriser. Cette intimité est coûteuse sur le plan psychique, dans la mesure où elle suppose la mobilisation de la subjectivité tout entière. »

De manière générale, au cours des deux dernières décennies du XXe siècle, les pénibilités physiques ainsi que la charge mentale au travail ont augmenté[54]. En 2005, près de la moitié des salariés déclarent ainsi devoir se dépêcher « toujours ou souvent » dans leurs tâches, et 6 salariés sur 10 signalent travailler dans l'urgence, devant fréquemment abandonner une tâche pour une autre plus pressée. Paradoxalement, au moment où les lignes hiérarchiques sont censées dépérir, où les instruments de pilotage de l'activité se raffinent et où l'autonomie des salariés s'accroît, un tiers des salariés déclarent en outre que leur rythme de travail est imposé par « les contrôles ou surveillances permanents exercés par la hiérarchie ». Autant d'éléments considérés comme des indicateurs de « charge mentale » au travail. D'après la troisième enquête européenne sur les conditions de travail, 1 salarié européen sur 3 déclare que son travail est source de stress[55]. Le phénomène « survient lorsqu'il y a déséquilibre entre la perception qu'une personne a des contraintes que lui impose son environnement et la perception qu'elle a de ses propres ressources pour y faire face », selon la définition de l'Agence européenne pour la sécurité et la santé au travail, qui ajoute : « Bien que le processus d'évaluation des contraintes et des ressources soit d'ordre psychologique, les effets du stress ne sont pas uniquement de nature psychologique. Il affecte également la santé physique, le bien-être et la productivité. »

Le stress se révèle particulièrement dangereux lorsqu'il est combiné avec des tâches physiques. Or, en 2005, les salariés restent nombreux – 7 sur 10 – à déclarer exercer au moins un effort physique au cours de leur travail, même si la proportion tend à se stabiliser après avoir augmenté continûment depuis 1984. Toutefois, cette amélioration ne concerne pas les ouvriers, qui sont, avec les employés de service, les plus exposés : la moitié des ouvriers subissent quatre pénibilités physiques ou plus (rester longtemps debout, rester longtemps dans une posture pénible, devoir porter ou déplacer des charges lourdes, faire des mouvements douloureux ou fatigants, subir des secousses ou des vibrations). Parallèlement, depuis quelques années, les « troubles musculo-squelettiques » (TMS) sont devenus la catégorie majoritaire des maladies professionnelles. Entre 1994 et 2006, le nombre de cas indemnisés comme maladies professionnelles a été multiplié par huit, selon la Caisse nationale de l'assurance maladie des travailleurs salariés. Ce phénomène est constaté dans l'ensemble des pays industrialisés. Il s'agit d'atteintes périarticulaires, tendinites, syndromes du canal carpien (compression d'un nerf au niveau du poignet), dorsalgies, cervicalgies. Ces atteintes, douloureuses et souvent invalidantes, obligent fréquemment à des interventions chirurgicales. Certaines de ces pathologies peuvent survenir à la suite d'efforts de courte durée où une articulation est en position forcée. Mais, le plus souvent, elles résultent de l'exécution de gestes répétitifs, avec des traumatismes de faible intensité qui engendrent à la longue des lésions irréversibles. Le froid, les vibrations, la manipulation de charges lourdes constituent autant de circonstances aggravantes. Cependant, le travail répétitif n'étant pas nouveau, il ne peut expliquer à lui seul l'épidémie de TMS. Celle-ci témoigne en effet également de l'intensification du travail. Dans des emplois de bureau comme sur certains postes industriels, l'urgence contraint à opérer de la façon la plus rapide, en sollicitant toujours les mêmes muscles ; ou à intervenir dans des postures malcommodes au prix d'efforts ponctuels intenses. La diminution des temps de pause informels est également particulièrement néfaste[56].

Le nombre d'accidents annuels du travail avec arrêt connaît de son côté une légère hausse depuis 2004, pour atteindre 700 000[57]. Entre 2005 et 2006, le nombre de décès a augmenté de 13 %, tandis que le nombre d'accidents avec incapacité permanente baissait de 10 %. La France est aujourd'hui en Europe l'un des pays dans lesquels les conditions de travail sont les plus médiocres[58]. Cette situation a en outre des conséquences financières directes pour les économies européennes. En France, le coût des seuls accidents et maladies du travail atteint 3 % du PIB, c'est-à-dire l'équivalent théorique de l'ajout d'une dizaine de jours fériés dans le calendrier[59].

Au bout d'un mois, je quitte le poste d'employée d'étage. Il suffit d'en aviser le directeur adjoint, la période d'essai n'étant pas terminée. Mme Vernot est paniquée. Qui va assurer le service demain ? Qui va monter le linge propre, descendre le linge sale ? Qui va nettoyer les toilettes ? Ce sont des tâches qui ne peuvent pas attendre. Je croise Véronique, qui rapporte enfin ses tenues. En me voyant partir, elle se demande comment elle a pu tenir une année.

– C'était vraiment pour l'argent.

Elle avait accumulé trop de dettes. Je m'enquiers de son nouvel emploi. Elle raconte les enfants qu'elle garde, la maison. Avant de s'arrêter.

– Je dois te dire quelque chose, annonce-t-elle. Je n'ai pas trouvé un autre emploi, je suis partie parce que je n'en pouvais plus, j'avais dépassé mon seuil de tolérance, mais je ne pouvais pas le dire comme ça, personne ne l'aurait compris.

En septembre 2007, Véronique est au chômage. Elle a gardé deux enfants durant l'été, et espère trouver un emploi pour la rentrée des classes.

41 Michel Husson (sous la dir.), *Travail flexible, salariés jetables*, La Découverte, Paris, 2006. Et « Emploi 2005 », enquête, Insee.

42 Article de Serge Paugam, *Sciences humaines*, n° 114, mars 2001.

43 Emmanuel Triby, « Le travail entre le professionnel et le domestique », *Rapport*, Céreq, Marseille, 2004.

44 Selon une étude du Bureau international du travail (BIT), « Le temps de travail dans le monde : tendances en matière de

durée de travail, de législation et de politiques dans une perspective comparative », rendue publique en juin 2007.

45 Michel Husson (sous la dir.), *op. cit.*

46 Emmanuel Triby, *art. cit.*

47 Valérie Ulrich, « La durée annuelle collective du travail en 2004 », *Premières Informations et premières synthèses*, Dares, décembre 2006, n° 51.1.

48 Sondage BVA cité www.lexpress.fr, 15 novembre 2006.

49 Gérard Filoche, « La majorité des heures supplémentaires n'est pas déclarée », *L'Humanité*, 30 mai 2007.

50 Gérard Filoche, *Carnet d'un inspecteur du travail*, Ramsay, Paris, 2004.

51 Le taux de syndicalisation est de 2 % dans le secteur, contre en moyenne 8 % en France. *Cf.* Christine Guégnard, Sylvie-Anne Mériot, « Les emplois à "bas salaire" et les salariés à l'épreuve de la flexibilité », Marseille, Bref du Céreq, janvier 2007.

52 Quand, au premier tour du scrutin, personne n'est élu, un salarié non syndiqué peut se présenter au second tour.

53 *Cf.* Michel Husson (sous la dir.), *op. cit.*

54 Jennifer Bué, Thomas Coutrot, Sylvie Hamon-Cholet, Lydie Vinck, « Conditions de travail », *Premières Informations*, Dares, janvier 2007, n° 01.2.

55 Source : INRS.

56 Michel Gollac, Serge Volkoff, *Les Conditions de travail*, La Découverte, Paris, 2000.

57 Caisse nationale de l'assurance maladie des travailleurs salariés, Bilan 2006.

58 Michel Gollac, Serge Volkoff, *op. cit.*

59 Philippe Askenazy, *Les Désordres du travail : Enquête sur le nouveau productivisme*, Seuil, Paris, 2004,« La République des idées ».

CONCLUSION

– Tous les jours, je rêve d'avoir une petite fille, ou un petit garçon. Si j'avais un boulot qui me plaît, peut-être que j'en souffrirais un peu moins, parce que c'est important moralement d'avoir un emploi plaisant, mais le soir, en rentrant à la maison, j'y penserais quand même.

Fin octobre 2007, dix mois après le début du reportage, j'ai repris le TGV. En une heure, j'étais à Lille. Najet passait le dimanche en famille, nous nous sommes retrouvées en fin d'après-midi dans un café-restaurant du centre-ville. Elle était venue avec son jeune frère. Najet avait voulu quitter l'entreprise de télémarketing pour laquelle elle vendait à nouveau des forfaits Télé2. L'ambiance entre collègues s'était mise à lui peser. Mais elle y était vite revenue : elle avait trouvé un poste dans une autre société de télévente, qui affichait des objectifs encore supérieurs à ceux de Safig. Elle n'avait tenu que quelques jours. En l'entendant narrer ses expériences, son frère est tombé des nues. Il s'étonnait que Najet accepte l'humiliation, les ordres arbitraires, l'infantilisation. S'il avait été à sa place, il aurait répondu aux superviseurs, assurait-il. Le jeune homme de 19 ans vit seul à Boulogne-sur-Mer, où il fabrique des prothèses dentaires et où il s'est constitué une bande d'amis, avec qui il organise des soirées reggae. Il paraît plus confiant en l'avenir que sa grande sœur.

– J'avoue qu'en ce moment, je suis un peu perturbée par tout ce qui m'arrive, je ne sais pas dans quelle branche me lancer, m'a confié la jeune femme, en replaçant dans ses cheveux un bandeau noir lamé. Reprendre les études, c'est sûr que ça peut être un plus. D'un autre côté, je ne peux pas me le permettre. Parfois, ça me fait peur. Heureusement que j'ai mon mari... J'estime aussi que, pour mon âge, j'ai suffisamment galéré. J'aimerais bien qu'un jour on me laisse la chance de pouvoir faire quelque chose qui me plaise vraiment. Mais non. En tout cas, dans le Nord, c'est très difficile, vraiment. Il faut prendre aussi en considération que... Ça n'a rien de discriminatoire ce que je vais dire, mais le fait d'être maghrébine, d'être typée, d'avoir un prénom d'origine maghrébine, ça ajoute une difficulté quand tu recherches un emploi. Souvent, dans la vente, j'ai les diplômes et l'expérience requis, mais on va prendre quelqu'un qui est blanc de peau. En tout cas, dans le Nord, c'est comme ça. En région parisienne, tu as plus de chance, c'est plus cosmopolite. Ici, dans la télévente, c'est sûr, on embauche beaucoup de personnes d'origine marocaine, mais il faut voir le travail. C'est un peu l'usine des temps modernes. Ils pensent peut-être que ces personnes-là supportent plus, ou qu'elles arrivent mieux à gérer, je ne sais pas...

J'ai demandé à Najet comment elle se voyait dans une dizaine d'années.

– J'aimerais bien avoir au moins deux enfants. Avec Yanis, nous avons aussi le projet de devenir propriétaires, d'avoir un chez-nous à nous. Et puis, j'espère être stable professionnellement, au moins en CDI, avoir trouvé quelque chose qui me plaise. Quand même, à 33 ans, ça devrait être possible...

Delphine nous a rejoints, fidèle à ses petits hauts violets. Elle vivait toujours à Roubaix, dans son studio d'étudiante. Après avoir enchaîné les missions d'intérim, elle venait de décrocher un CDI, dans une agence de communication en pleine expansion. C'était la Mission locale, pour laquelle elle avait travaillé une semaine comme standardiste, qui avait fait circuler son CV. Elle avait d'abord été testée sur la rédaction d'un courrier, avant d'être reçue en entretien. Delphine était pour l'instant en période d'essai, sur un poste de secrétaire-standardiste assorti d'activités de com'. Le week-end suivant, elle devait déjà présenter sur un salon l'un des magazines gratuits que publie l'agence. Elle pourrait peut-être aussi y rédiger des articles. Elle se disait totalement emballée.

– Ce poste-là, je n'aurais même pas osé en rêver.

Nina est finalement arrivée, sous la pluie battante. Son mari l'avait déposée en voiture, avant de rejoindre Armentières. Après une période difficile, au chômage, elle vient de signer un CDD de six mois dans l'entreprise de télévente où travaillaient déjà Alain et Najet, qui lui avait signalé que des recrutements étaient en cours. Nina a commencé voilà trois jours, elle est déjà dans l'équipe des vendeurs les plus performants.

– Je suis super-bien ici. Pourquoi ? Parce que je ne suis pas stressée par les sup'. Je ne les considère même pas comme des sup', mais comme des amis. Ils te taquinent tout le temps. Ils t'envoient des messages pour délirer, plutôt que pour te rappeler les mauvais résultats du plateau et te culpabiliser. Du coup, je ne suis pas stressée par les clients. Ils m'insultent autant qu'avant, mais ça ne me fait ni chaud ni froid. Les produits sont plus difficiles à vendre – des forfaits mobiles, avec engagement de vingt-quatre mois – et malgré tout, à aucun moment je n'ai hâte de finir. Le fait de travailler dans un endroit où tu n'es pas stressée, ça change tout. Chez Safig, si on voulait faire du résultat, c'était juste parce qu'on ne voulait pas perdre notre contrat. Alors qu'ici, j'ai envie de me surpasser pour remercier les responsables, parce qu'ils m'ont donné ma chance. Et pour les épater. Dans mon parcours, je ne suis jamais tombée sur une entreprise pareille. Ici, quand ils t'écoutent en train d'appeler, ils te le disent, et ça ne dure pas dix ans. Au contraire, c'est moi au départ qui ai demandé à être écoutée... Et puis, tu as un casque perso, et un casier. Tu peux aller aux toilettes, il faut juste faire un petit coucou pour prévenir. Les sup' nous ont dit aussi : « Si vous avez un appel difficile, si vous êtes émus, n'hésitez pas à aller prendre une boisson, à faire une pause. » C'est le jour et la nuit, le paradis et l'enfer. Ça m'a appris quelque chose d'important. C'est que le stress que j'avais n'avait aucun rapport avec la télévente : il était lié à l'environnement. Du coup, je ne voulais plus faire de télévente, alors qu'il y a du travail dans le domaine.

Et ses projets de formation dans le secrétariat ?

– Le secrétariat, je laisse tomber. Il faudrait passer par une période d'essai, par un CDD, faire mes preuves à nouveau, avoir d'abord des horaires difficiles, dans des lieux éloignés... Repartir dans le cercle vicieux : Assedic, un peu de boulot, Assedic, un peu de boulot. C'est plein d'incertitudes. De nos jours, quand t'as une place, tu la gardes, surtout si c'est une bonne place. Tout ce que je veux, c'est intégrer la société où je suis. Déjà, je ne travaille pas le samedi, c'est un miracle, et je termine à 18 heures... Le mois dernier, chez moi, je tournais le problème dans ma tête : n'ayant pas d'expérience ailleurs, je me voyais toute ma vie bosser dans la télévente, de 10 heures à 20 heures, le samedi, avec trois heures de pause le midi... Maintenant, j'imagine autre chose. C'est l'entreprise qui m'attire, et c'est l'entreprise qui change tout. Ici, au bout de quelques mois, si tu fais preuve de ponctualité et de discipline, tu peux facilement devenir sup', d'après Najet. Je ne veux pas rester toute ma vie télévendeuse. Mais, après, je peux être formatrice, ou travailler dans un bureau pour gérer les fiches de paie ou les plannings. Il y a des tas de services dans une entreprise.

C'était la troisième fois que je revenais à Lille depuis la fin du reportage. J'avais gardé le contact avec cinq des femmes croisées, dont trois dans le télémarketing. Je téléphonais de temps en temps. Nina, Najet et Véronique envoyaient des textos pour indiquer quand je pouvais les joindre. Leur forfait téléphonique était limité, ou à volonté mais sur trois numéros seulement. Audrey me rappelait sur le portable, Delphine décrochait le week-end son fixe illimité. Une relation aux contours flous s'instaurait, différente avec chacune. Au bout du fil ou en face à face, nous nous retrouvions rapidement sur le terrain de l'emploi et du travail, du parcours professionnel de mes interlocutrices, de ce qui les motivait, de ce qui les choquait.

Cette fois-ci, Audrey, d'Ikea, ne m'avait pas rappelée. J'étais parvenue à joindre Véronique qui, pendant un moment, n'avait pas répondu non plus. Nous nous sommes retrouvées dans un bar près de la gare de Lille. Après quatre mois difficiles, suite à sa démission, sans revenus ni allocations chômage, Véronique avait trouvé un emploi d'aide à domicile pour garder trois petites filles. Elle s'était adressée à un prestataire de services, mais elle ne savait pas exactement ce qu'il se passerait quand, au printemps prochain, la petite dernière entrerait à la maternelle et qu'elle ferait moins d'heures : son CDI serait-il modifié ? Devrait-elle partir ? Elle ne savait pas non plus, avant de signer le contrat, que la mère de famille disposait de onze semaines de congés, ce qui en fait huit sans solde pour Véronique. En attendant, elle travaillait 35 heures par semaine, en commençant à 8 heures le matin, pour gagner le Smic, auquel s'ajoutait la rémunération d'une ou deux heures supplémentaires par semaine. Ses frais kilométriques étaient remboursés, mais elle devait apporter son repas, le midi.

À 46 ans, et toujours un air de jeune fille, cela faisait près de trente ans que Véronique travaillait.

– Je ne me projette pas, a-t-elle répondu quand je lui avais demandé comment elle s'envisageait professionnellement dans dix ans. Le mois dernier, je m'étais inscrite à l'ANPE, et nous étions parties sur un projet de formation de deux mois aux métiers du paramédical et du social, qui débouchait sur les concours d'entrée à certaines formations de deux ans. Pour le financement, je crois que les Assedic peuvent aider dans ces cas-là... Je devais commencer en février, mais, entretemps, on m'a proposé cette famille en CDI et comme le prestataire est en cheville avec l'ANPE, je me suis dit qu'ils allaient communiquer entre eux et que ce serait mal vu que je refuse un CDI. Du coup, j'ai laissé tomber le projet de formation pour le moment. C'est bête parce que j'adore les formations. Si je m'écoutais, j'en ferais toute ma vie. Et puis, le social, c'est mon domaine de départ, c'est là que j'ai commencé, j'ai toujours eu un super-contact avec les enfants. Seulement, plus jeune, je croyais ne pas être capable d'y rester.

Véronique verra bien à la rentrée prochaine où elle en sera, elle ne compte pas forcément rester des années dans cette famille. Elle s'inquiéte davantage pour son fils, qui ne trouve pas sa voie. Il a quitté l'école en fin de collège, et a été écœuré par une première expérience dans la restauration. Sa fille, elle, en contrat d'apprentissage, touche une moitié de Smic et enchaîne les heures supplémentaires, sous prétexte de modulation du temps de travail, qui ne sont jamais rattrapées. Nos bières terminées, Véronique a repris sa Fiat Panda anciennement rouge. Elle ne l'a pas fermée à clé, ce n'est pas la peine, l'auto est trop vieille. Travailler plus pour gagner plus ? J'ai demandé à Véronique ce qu'elle en pensait.

– C'est surtout le « gagner plus » qui me pose problème dans l'expression, a-t-elle répondu sans hésiter. Gagner plus pour quoi ? Pour consommer plus ? Non merci. De mon côté, je ne suis pas sûre de vouloir gagner plus. Sinon, ce serait pour aider plus. Peut-être pour voyager un peu... Mais, avec ce que je gagne, mes besoins sont largement satisfaits. Et travailler plus, c'est hors de question pour moi. Quand je termine mes journées, je suis déjà lessivée.

Au retour à Paris, gare du Nord, le trafic était encore perturbé. Certaines lignes de RER étaient partiellement bloquées depuis l'annonce d'un projet de réforme des régimes spéciaux, pour les aligner sur le régime général. Environ 500 000 salariés étaient concernés : marins, mineurs, agents des industries électriques et gazières, de la SNCF, de la RATP. Sur toutes les ondes, on s'interrogeait sur la pénibilité et la dangerosité de ces métiers, reconnus autrefois comme difficiles. On rappelait que, en France, chaque jour, 2 000 personnes sont victimes d'un accident du travail nécessitant une interruption d'activité, qu'un ouvrier a deux fois plus de risques de mourir avant 65 ans qu'un cadre, et que probabilité est à peine inférieure pour un employé[60]. *Quid* des métiers récemment apparus et des nouvelles pénibilités ? Comment les prévenir, les éviter ? Comment réparer, comment compenser, une fois l'état de santé dégradé ?

Au même moment, une enquête indépendante sur

les conditions de travail était menée au Technocentre de Renault, où, entre octobre 2006 et février 2007, deux salariés s'étaient suicidés, tandis qu'un autre s'est donné la mort à son domicile. Les premiers résultats indiquaient un tiers des cadres et ingénieurs sous tension – contre 10 % pour cette catégorie dans la population française selon l'Inserm –, d'où un niveau de risques psychosociaux « particulièrement élevé ». Principales contraintes évoquées par les salariés : le manque d'informations claires, de temps et d'effectifs. Plus des deux tiers d'entre eux estimaient travailler plus de neuf heures par jour, et 20 % des techniciens et agents de maîtrise indiquaient travailler très souvent au-delà du nombre d'heures hebdomadaires prévues « sans compensation ». En cause : le Technocentre concevait désormais huit nouveaux modèles par an, contre quatre auparavant. Le cabinet d'expertise soulignait néanmoins une « forte adhésion des salariés du Technocentre aux objectifs du contrat 2009 »[61].

La même semaine, l'A380 effectuait son premier vol. Pendant que la CGT plaidait devant le tribunal de grande instance de Toulouse l'accès des sous-traitants à l'élection des délégués du personnel de la maison Airbus. Ses arguments : « Être salarié sous-traitant chez Airbus, c'est effectivement partager les mêmes locaux que les salariés Airbus, avoir les mêmes moyens de travail, les mêmes objectifs, les mêmes tâches, être soumis aux mêmes contraintes économiques, se côtoyer parfois pendant des années, mais... ne pas avoir la même paie ni le même statut, être dans une situation plus précaire, être sacrifié en premier sur l'autel de la rentabilité. C'est surtout être inclus dans le plan Power 8. Sur les 10 000 suppressions d'emplois prévues dans les quatre pays d'Europe (France, Allemagne, Royaume-Uni, Espagne), 5 000 concernent les "sous-traitants prestataires de service internes"[62] (...). »

En se plongeant dans l'actualité de cette seule période, les exemples sont encore nombreux, qui traduisent une augmentation de la pression et des tensions au travail, assortie d'une individualisation des contraintes et des risques. Toujours plus vite, toujours plus, encore plus vite. C'est justement pour répondre au plus juste, à flux tendu, à une demande sans cesse évolutive et toujours plus exigeante que de nouvelles organisations du travail ont été conçues et mises en place, soutenues par les innovations technologiques et les pratiques managériales les plus récentes. En Europe, les nouvelles organisations du travail concernent aujourd'hui 7 salariés sur 10[63]. L'autonomie, le travail d'équipe, la coopération, la participation, la prise de responsabilités, l'activité « par projet », la polyvalence ou encore la remise en question permanente sont devenus des leitmotive. C'est en tout cas la partition affichée. Reste à l'interpréter. Et si certaines organisations s'accompagnent effectivement d'une plus forte autonomie, pour effectuer des tâches complexes, qui ne sont ni monotones ni répétitives et peu soumises à des contraintes de rythme, tel n'est pas systématiquement le cas. L'autonomie du travailleur risque en effet bien souvent de se résumer à la seule répartition des tâches au cours de la journée, à la gestion des contraintes, celles de rythme demeurant particulièrement lourdes. Pendant que la polyvalence ne correspond pas toujours à un enrichissement des tâches, qui restent peu variées et répétitives. Le travail en équipes, gérées désormais par des « coaches » plus que par des « chefs », peut aussi relever du simple *relooking*, sans changements profonds dans la hiérarchie, ni dans la répartition du travail. Car le contrôle et la surveillance sont toujours de mise, mais plus discrets, plus subtils. Il n'est plus besoin de chronométrer le travailleur dans ses moindres gestes, à chaque étape du processus. La procédure est simplifiée. Le travailleur s'« autocontrôle » et n'a plus qu'un seul but : remplir les objectifs fixés. À lui de déterminer les moyens appropriés. Quand les objectifs sont inaccessibles, cela devient pourtant rapidement vain, et stressant. Il s'agit malgré tout de prendre initiatives et responsabilités, dans l'urgence et sous pression, pour tenter de remplir la mission, au risque de se sentir personnellement responsable de l'échec annoncé.

Résultat : au cours des deux dernières décennies du XXe siècle, les contraintes de rythme de travail se sont renforcées. De même, les pénibilités physiques ainsi que la charge mentale au travail ont augmenté. Les contraintes liées aux normes ou délais de court terme continuent de progresser. Les salariés sont de plus en plus nombreux à œuvrer dans l'urgence, mais également à travailler la nuit ou le dimanche, en décalage par rapport à l'ensemble des salariés[64].

Parallèlement, en effet, une tendance à l'individualisation se dégage. De plus en plus, les objectifs sont fixés à chaque salarié, qui doit mobiliser ses compétences propres, son « savoir-être » social, et son « savoir-faire » à lui. La polyvalence soumet chacun à des situations uniques. Les risques et les résultats s'en trouvent personnalisés, et les augmentations de salaires accordées, au moins en partie, « au mérite ». Les avantages associés à un emploi stable – mutuelle, comité d'entreprise, intéressement, participation, facilités pour réaliser un emprunt ou louer un appartement, etc. – dont ne bénéficient pas les intérimaires, les apprentis, ni les salariés en CDD qui, pourtant, effectuent exactement le même travail, contribuent également à dynamiter toute base collective. Les supérieurs hiérarchiques sont là pour en rappeler la raison : il faut sans cesse se remettre en cause, il faut mériter sa promotion, faire ses preuves, chacun étant responsable de sa situation. Et comme les supérieurs sont devenus des « coaches », qui prodiguent des « conseils », pour « aider » le « collaborateur » à répondre au mieux aux impératifs de l'entreprise, qui elle-même assure répondre aux besoins des clients, l'impression s'impose que personne n'a donné d'ordre. Le client est roi, un point c'est tout. Pourtant, le client n'est pas toujours ravi de loger dans un hôtel quatre étoiles aux draps élimés, de devoir lui-même assaisonner son minuscule sandwich, ni d'être agressé tous les jours par téléphone pour s'entendre proposer un forfait qui, c'est certain, lui fera réaliser des économies non négligeables.

Mais comme chaque salarié a des horaires différents, comme il doit prendre sa pause quand les autres sont en poste, et parfois travailler par rotation le week-end, il se retrouve régulièrement isolé à attendre la fin du *break*, dans un sas passant en plein courant d'air, sans pouvoir en discuter. Certes, il peut acheter un café ou un paquet de chips à la bolognaise, feuilleter le journal interne de l'entreprise, fumer une cigarette ou dégainer son portable. Il peut même appeler un numéro vert s'il se sent victime de harcèlement, s'il estime qu'un supérieur lui en veut personnellement. Il peut demander un entretien avec son « manager » pour évoquer des tensions au sein de l'équipe. Personnaliser les conflits aussi. Mais prendre le temps, dans un espace commun, d'échanger autour du travail, de son sens, de son but, en équipe, avec la hiérarchie, voire avec les usagers... c'est rare.

Pas le temps, chacun court derrière ses objectifs, ses challenges, ses primes. Pour éviter de se laisser devancer par le collègue, pour ne pas être remplacé par un plus vif, pour conserver sa place. Car l'intensification du travail comme l'individualisation croissante des contraintes et des salaires touchent tous les échelons de la hiérarchie. En cascade.

Elles arrivent ainsi de toute leur puissance au niveau des bas salaires. Si l'emploi continue à se précariser, les contrats précaires concernent pour l'instant moins de 2 salariés sur 10, mais restent fortement concentrés en France sur les travailleurs les moins qualifiés, les moins formés. Il en va de même pour les emplois à temps partiel. En interne, ce sont les ouvriers et les employés de commerce et de services qui subissent le plus de pénibilités physiques au travail. Si 39 % des salariés sont concernés par la manutention de charges lourdes, c'est le cas de 64 % des ouvriers et de 57 % des employés de commerce[65]. Plus de la moitié des ouvriers non qualifiés du secteur industriel restent également concernés par le travail à la chaîne et voient leur rythme d'activité imposé par une machine. En outre, note le Cerc (Conseil de l'emploi, des revenus et de la cohésion sociale), la flexibilité des horaires de travail opère une segmentation de la main-d'œuvre stable entre les salariés aux horaires réguliers et prévisibles et ceux dont les rythmes de travail sont plus variables et plus imprévisibles. Quand l'effort de formation « se concentre également sur la fraction la plus stable des salariés que les entreprises ont intérêt à conserver, ceux pour lesquels un savoir-faire spécifique à l'entreprise est important et coûteux à développer. Pour l'entreprise, la logique qui sous-tend la formation renforce ainsi la dualisation de la main-d'œuvre entre une fraction plus qualifiée et plus stable, pour laquelle un effort est consenti, et une fraction peu qualifiée qui subit de plein fouet l'instabilité ». En effet, si la probabilité de perdre son emploi au cours de l'année pour une personne en poste n'a pas particulièrement augmenté en France, elle s'est, en revanche, fortement accrue pour certaines catégories de salariés, en particulier chez les personnes peu ou non qualifiées[66].

Il faut dire que, dans un contexte de chômage de masse qui dure maintenant depuis trente ans, les employeurs se trouvent en position de force pour imposer leurs normes aux salariés : l'emploi se précarise, le travail s'intensifie, les travailleurs s'isolent, tandis que les entreprises n'ont pas été réellement incitées à améliorer les conditions de travail. Pourtant, de meilleures conditions de travail, bien que coûteuses à mettre en place, finissent par faire baisser l'absentéisme, doper la motivation et améliorer la productivité[67]. D'autant plus que les accidents et les maladies professionnels coûtent cher : 3 % de la richesse nationale. De tels risques s'avèrent également dissuasifs dans des secteurs comme le BTP, qui recense 20 % des accidents avec arrêt et des décès, en employant 8 % des salariés[68].

Tandis que la flexibilité finit par coûter elle aussi, en frais de recrutement, en coût de formation sur le tas et en perte ponctuelle de productivité au poste. En outre, à l'encontre du modèle taylorien d'organisation du travail, les nouveaux modèles mettent l'accent sur des caractéristiques qui supposent une certaine durée de l'emploi, comme la polyvalence, le travail en équipe, l'autonomie, la coopération, la participation, des relations de confiance. D'autant plus que le travail dit « non qualifié » nécessite lui aussi des compétences en termes d'organisation, de sociabilité, de rapidité d'exécution, de gestion des contraintes et d'adaptation qui ne s'acquièrent pas immédiatement. Mais, en ces temps de chômage de masse, pas question de reconnaître ces qualifications, de les rémunérer, encore moins de les valider et risquer de fournir des possibilités d'ascension dans le métier. En ces temps de chômage de masse, mieux vaut agiter l'épouvantail de la précarité pour tous, renvoyer à la responsabilité personnelle, placer chacun en période d'essai permanente, pour mieux harmoniser par le bas. En présentant comme autant de fatalités l'instabilité de l'emploi, le déclin de la France et la nécessité de se retrousser les manches, il ne reste plus qu'à proposer généreusement quelques contreparties, de maigres garde-fous. Travailler plus... Rester tard le soir, se lever tôt... Tels restent les refrains. Quitte à ce que cela témoigne d'une mauvaise organisation, d'une gestion du temps inefficace. Quitte à y laisser la santé. Travailler mieux doit pourtant bien pouvoir se mettre en rime. Travailler mieux pour produire mieux ? Travailler mieux pour vivre mieux ? Travailler mieux pour vivre vieux ?

60 Gérard Lasfargues, *Départ en retraite et « travaux pénibles »*, CEE, avril 2005.

61 « Un rapport juge très élevés les risques psychosociaux au Technocentre de Renault », *Le Monde*, 20 octobre 2007.

62 www.libetoulouse.fr, 19 octobre 2007.

63 Centre d'études de l'emploi, mars 2005.

64 Jennifer Bué, Thomas Coutrot, Sylvie Hamon-Cholet, Lydie Vinck, *art. cit.*

65 *Ibid.*

66 « La sécurité de l'emploi. Face aux défis des transformations économiques », *art.cit.*

67 Philippe Askenazy, *op. cit.*

68 Source : INRS.

BIBLIOGRAPHIE SÉLECTIVE

Amossé Thomas, Chardon Olivier, “Cinq millions de travailleurs non qualifiés : une nouvelle classe sociale *?*”, CEE, Connaissance de l’emploi, Paris, février 2007, n° 39.

Askenazy, Philippe, *Les Désordres du travail : Enquête sur le nouveau productivisme*, Seuil, Paris, 2004, « La république des idées ».

Bailly Olivier, Lambert Denis, Caudron Jean-Marc, *Ikea : un modèle à démonter*, Éditions Luc Pire, Bruxelles, 2006.

Béaud Stéphane, *80 % au bac... et après ?*, La Découverte, Poche, Paris, 2003.

Bué Jennifer, Coutrot Thomas, Hamon-Cholet Sylvie, Vinck Lydie, « Conditions de travail », Dares, *Premières Informations*, janvier 2007, n° 01.2.

Bué Jennifer, « Temps partiels des femmes : entre “choix” et contraintes », Dares, *Premières Synthèses*, février 2002, n° 08.2.

Brutus Fabienne, *Chômage, des secrets bien gardés*,

Jean-Claude Gawsewitch Éditeur, Paris, 2006.

Cahuc Pierre, Kramarz Francis, « De la précarité à la mobilité : vers une sécurité sociale professionnelle », Rapport au ministre de l'Économie, des Finances et de l'Industrie et au ministre de l'Emploi, du Travail et de la Cohésion sociale, Paris, décembre 2004.

Conseil Économique et Social, "La sécurisation des parcours professionnels", La Documentation française Paris, 2007.

Céreq, « Quand l'école est finie... Premiers pas dans la vie active de la Génération 2001 », Marseille, 2005.

Cerc, "Le Smic, salaire minimum de croissance"La Documentation française Paris, 1999.

Cerc, « La Sécurité de l'emploi. Face aux défis des transformations économiques », *Rapport n° 5*, La Documentation française, Paris, 2005.

Cerc, « Les risques liés à la transformation de l'emploi », *Les Papiers du Cerc*, La Documentation française, Paris, 2002-2003.

Cerc, « La France en transition, 1993-2995 », *Rapport n° 7*, La Documentation française, Paris, 2006.

Ehrenreich Barbara, *L'Amérique pauvre*, Grasset, 10/18, Paris, 2004.

Filoche Gérard, *Carnet d'un inspecteur du travail*, Ramsay, Paris, 2004.

Glaymann Dominique, *L'Intérim*, La Découverte, Paris, 2007, « Repères ».

Gollac Michel, Volkoff Serge, *Les Conditions de travail*, La Découverte, Paris, 2000.

Graffin Laurence, *Le Travail en questions*, Mille et une nuits, Paris, 1999. Coffret de dix livres : *Faut-il croire au travail ?/Sommes-nous condamnés aux cadences ?/Comment naissent les emplois ?/Faut-il avoir peur du progrès ?/Faut-il encore un diplôme ?/Peut-on maîtriser le temps ?/La solidarité crée-t-elle des emplois ?/Être cadre, à quel prix ?/Comment vont les syndicats ?/Que sera le travail demain ?*

Husson Michel (dir.), *Travail flexible, salariés jetables*, La Découverte, Paris, 2006.

L'Horty Yannick, *Instabilité de l'emploi : quelles ruptures de tendance ?*, Les Papiers du Cerc, février 2004, n° 2004-01.

Lefebvre Alain, Méda Dominique, *Faut-il brûler le modèle social français ?*, Le Seuil, 2006.

Grosjean Vincent, Ribert-Van de Weerdt Corinne, « Les modes de management dans un *call center* et leurs conséquences sur le bien-être des opérateurs », INRS, *Notes scientifiques et techniques*, 2003, n° 234.

Lorenz Edward, Valeyre Antoine, « Les nouvelles formes d'organisation du travail en Europe », *Connaissance de l'emploi*, Paris, mars 2005, n° 13.

Maruani Margaret, *Sociologie de l'emploi*, La Découverte, 2004, « Repères ».

Maruani Margaret, *Travail et emploi des femmes*, La Découverte, 2006, « Repères ».

Méda Dominique, Vennat Francis (dir.), *Le Travail non qualifié*, La Découverte, Paris, 2004, « Recherches ».

Mougin Véronique, *Femmes en galère*, Éditions de La Martinière, 2005.

Paugam Serge, *Le Salarié de la précarité*, PUF, Paris, 2004.

Puech Isabelle, « Le temps du remue-ménage.

Conditions d'emploi et de travail des femmes de chambre », *Sociologie du travail*, avril-juin 2004, 46, n° 2, p. 150-167.

Ramaut Dorothée, *Journal d'un médecin du travail*, Le Cherche-Midi, Paris, 2006.

Ramaux Christophe, *Emploi : éloge de la stabilité*, Mille et une nuits, Paris, 2006.

Thébaud-Mony, *Travailler peut nuire gravement à votre santé*, La Découverte, Paris, 2007.

Théry Laurence (dir.), *Le Travail intenable*, La Découverte, Paris, 2006.

« Les nouvelles formes de domination au travail », dossier *Sciences humaines*, mars 2005, n° 158.

« Travail, mode d'emploi », dossier *Sciences humaines*, mars 2001, n° 114.

« Les métamorphoses du travail », dossier *Sciences humaines*, décembre 1997, n° 78.

Sites Internet

www.osha.europa.eu : site de l'Agence Européenne pour la Sécurité et la Santé au travail.

www.anpe.fr/observatoire : site de l'Observatoire de l'ANPE.

www.risquesprofessionnels.ameli.fr : le site de l'Assurance maladie, sur les Accidents du Travail et des Maladies Professionnelles.

www.anact.fr : site de l'Agence nationale pour l'amélioration des conditions de travail.

www.bossons-fute.com : site de l'association Bossons

FUTE (Fichier Unifié des situations de Travail et des Expositions professionnelles), créée par des médecins du travail de différents services de santé au travail (fichier des postes de travail, de leurs risques et des mesures de protection nécessaires au maintien de la santé des travailleurs)

www.cee-recherche.fr : site du Centre d'études de l'emploi

www.cerc.gouv.fr : site du Conseil de l'emploi, des revenus et de la cohésion sociale.

www.cereq.fr : site du Centre d'études et de recherches sur les qualifications.

www.eurofound.europa.eu : site de la Fondation européenne pour l'Amélioration des conditions de vie et de travail (en anglais).

www.epp.eurostat.ec.europa.eu : site d'Eurostat (statistiques européennes).

www.travail-solidarite.gouv.fr : site du ministère du Travail, des Relations sociales et de la Solidarité (publications de la Dares).

www.ladocumentationfrancaise.fr : site de La Documentation française (publications à commander).

www.faftt.fr : site du Fonds d'assurance formation du travail temporaire.

http://emploi.france5.fr : site de France 5 consacré à l'emploi (conseils, émissions, annonces)

www.inrs.fr : site de l'Institut de recherche et de sécurité pour la prévention des accidents du travail et des maladies professionnelles

www.insee.fr : site de l'Institut National de la Statistique et des Études Économiques.

www.inegalites.fr : site de l'Observatoire des inégalités, composé d'économistes et de sociologues.

www.prisme.eu : site du Prisme, syndicat des entreprises d'intérim.

www.123travail.com : documents thématiques en ligne.

www.lexpress.fr/etvous/emploi : articles et dossiers en ligne consacrés à l'emploi (« La planète smicard », 27 juin 2002 ; « L'engagement en question », 15 novembre 2006, etc.).

REMERCIEMENTS

Merci à toutes les personnes croisées durant ce reportage, sans lesquelles ce livre n'aurait pas pu voir le jour.

Merci, pour l'accueil, à Christine, Daphné, Khadija, Luc, Martin, Serge et Virginie.

Merci à Géraldine Faes et à Marc Grinsztajn pour leur confiance.

Merci à Béatrice, Julien, Leila et Philippe, pour leurs précieux conseils et leur scrupuleuse relecture.

Achevé d'imprimer sur rotative
par l'imprimerie Darantiere à Dijon-Quetigny
en décembre 2007
N° d'impression : 27-2011
Imprimé en France